서울역 이목사의 극한사역
노숙자와 출소자 이야기

서울역 이목사의 극한사역

노숙자와 출소자 이야기

저자 **이상덕 목사**

목차

추천사 8
서문 21

제1장 눈물의 빵, 그리고 첫 발걸음 23

제2장 나는 끝까지 사랑해 보려고 했다 27

제3장 꿈꿨던 공동체, 그러나 현실은 더 깊은 절망이었다 34

제4장 폐닭의 진실 그는 법닭이었다 39

제5장 성균관 법닭, 조폭 두목이 되다 45

제6장 나는 다시 죄인이 되었다 51

제7장 진실의 힘은 강하다 57

제8장 엘림, 가슴으로 낳은 딸 62

제9장 효녀 엘림이의 기적 "통잠" 68

제10장 엘림이는 하나님의 응답이며, 은혜의 증거입니다 75

제11장 복음의 뿌리를 내리다 80

제12장　사랑은 기다림이다　86

제13장　끝까지 사랑하라　92

제14장　물에 빠진 사람을 구해주니 보따리 내놓으란다　98

제15장　사랑은 무릎으로 한다　104

제16장　엘림이를 위한 약속　109

제17장　조현병　114

제18장　허기진 영혼 – 수지 씨의 폭식과 눈물　120

제19장　하늘에서 온 빵　126

제20장　용주골에서 돌아온 남 집사　132

제21장　교도소tv의 기적들　139

제22장　사랑했지만, 보내야 했다　145

제23장　청소년, 나의 또 다른 과거를 향한 부르심　150

제24장　길수 씨와 혜진 씨, 거리에서 피어난 믿음　155

제25장　서울역 왕초 정아 씨　160

제26장　정아 씨의 겨울, 그리고 희망이　168

제27장　희망이라는 이름의 기적　175

제28장　우크라이나 전쟁 난민 사역　181

제29장　내가 사랑하는 여인　186

제30장　서울역 큰형님, 만지 이야기　192

제31장　다시 일어서길 바라는 마음, 깨소금 이야기　198

제32장　"이번이 마지막이길"　205

제33장　20일의 노예들 – 수급비와 잃어버린 자유　210

제34장　무연고 장례식　217

제35장　믿었던 사람들에게 받은 상처　222

제36장　거짓을 뚫고 들어가는 진실　227

제37장　시기와 질투의 화신　231

제38장　건드리면 죽인다　237

제39장　단벌 양복　243

제40장　서울역을 벗어난 사람들　247

제41장　노숙자 찬양대회, 그날 복음이 울려 퍼지다　251

제42장　가족이 되어 주는 복음　256

제43장　왜 이들은 술에서 벗어나지 못하는가　261

제44장　멈춰버린 꿈, 그러나 사라지지 않은 비전　267

제45장　그리운 나의 어머니　272

제46장　양복을 입고 돌아온 죄수　279

제47장　숨 쉬는 지금, 그것이 은혜입니다　283

제48장　교도소tv의 고문변호사　287

제49장　짱아, 한 사람의 헌신이 만든 기적　291

제50장　나는 이 사명을 끝까지 붙든다　296

에필로그 / 나는 글쓰는 사람이 아니었다　301

추천사

한영훈 목사 (한국기독교대연감발행인 서울한영대학교총장)

할렐루야!
부활하신 주님의 이름으로 문안드립니다. 먼저 특수사역을 하시면서 체험하신 "서울역이목사의 극한사역, 노숙자와 출소자 이야기"의 주옥같은 내용들을 책으로 발간하게 된 것을 축하드립니다.

이 책은 일반적인 글이 아니라 특수사역의 현장에서 실제 체험한 이야기로 책 전체가 지성, 인성, 영성이 자연스럽게 묻어나는 책입니다.

이런 사역은 아무나 할 수 없는, 하나님의 음성을 들은 자만이 할 수 있는 특수사역입니다. 또한 이상덕 목사께서 서울한영대학교에 재학 중임을 자랑스럽게 생각합니다.

하나님께서 이 목사님께 큰 사랑을 주시리라 믿으면서 "서울역 이목사의 극한사역, 노숙자와 출소자 이야기"를 아주 기쁜 마음으로 학부생, 대학원생, 평신도, 목회자, 교수, 선교사 등 모든 분들에게 자신있게 추천하여 드립니다. 샬롬.

권형재 교수 (서울한영대학교 캠퍼스복음화운동본부장)

이 책의 저자인 이상덕 목사님은 우리 사회의 가장 어둡고, 소외되고, 낮은 데에 처한 노숙자와 출소자들의 삶의 현장으로 부르심을 받았습니다.

하나님께서 이상덕 목사님을 한국 사회의 노숙자들과 출소자들의 구원을 위한 목회자로 세우신 것입니다.

이 고귀한 사명을 위해서 하나님께서는 저자 자신의 삶에서 조직폭력배의 부두목, 감옥에서의 삶 등 수많은 고난을 통과하게 하심으로 노숙자들과 출소자들의 삶의 눈물, 아픔, 상처, 고통을 깊이 이해할 수 있도록 하셨습니다. 그래서 그는 말로 하는 것이 아닌 그들과 함께 기꺼이 삶을 나누는 사역자가 된 것입니다.

이 책은 저자 이상덕 목사님의 생생한 사역의 간증이면서, 동시에 하나님께서 저자를 통해서 이 시대에 이루시는 구원의 드라마입니다.

독자들이 이 책을 읽게 되면 저자의 간증에서 진하고 가슴 먹먹한 감동을 느끼게 될 것입니다. 동시에 예수님의 눈물과 은혜와 사랑을 느끼게 됩니다.

한국의 모든 그리스도인과 예수님을 알지 못하는 노숙자와 출소자들을 포함한 모든 비기독교인들이 이 책을 통해서 예수님을 만나기를 간절히 바라면서, 오늘 이 시대를 사는 모든 이들에게, 이 책을 강력하게 추천하는 바입니다. 감사합니다.

한상민 총장 (ASCM)

저는 이 책 "서울역이목사의 극한사역, 노숙자와 출소자 이야기"를 진심을 다해 추천합니다. 이상덕 목사는 지난 수년간 서울역 광장과 교도소의 가장 낮은 자리에서, 세상에 버려진 이들의 손을 잡고 함께 울며 걸어왔습니다. 알코올중독으로 무너진 영혼, 억울한 누명을 쓰고 투옥된 이들, 사회가 외면한 노숙인의 절망에 이 목사는 단 한 번도 등을 돌리지 않았습니다. 이 여정 속에서 우리는 세상의 한 가운데 뛰어든 예수의 제자를 만납니다. 하나하나의 사연 속에서 흘린 이 목사의 눈물은, 복음이 어떻게 생명을 살리는지 생생히 증언해 줍니다.

이 책에는 교도소를 갓 출소했던 전직 조폭이 참된 회심을 경험한 이야기, 노숙자 부부의 아이 '엘림'을 가슴으로 낳아 기적을 체험한 과정, 그리고 '폐닭', '모기', '만지', '깨소금' 등 거리의 영혼들이 예수 그리스도의 사랑을 통해 회복되는 생생한 현장이 담겨 있습니다. 이 목사는 기독교 고전의 유명한 어구처럼 'Solvitur Ambulando—걸으면 해결된다'처럼, 길이 보이지 않을 때에도 멈추지 않고 한 걸음씩 걸음을 이어갔습니다.

또한 스스로 비뚤어진 삶을 살았던 자신이 어떻게 복음을 만나 변했는지 솔직히 고백하면서, 단순한 간증을 넘어 고난 속으로 들어간 목회자의 신실한 목소리를 전합니다. "사람은 환경이 아니라 오직 복음으로 바뀐다."는 고백은 무겁고도 묵직한 울림으로 다가옵니다.

이 책을 펼치는 모든 독자들이 노숙자와 출소자의 비참함에만 시선이 머무르지 않고, 예수님의 십자가가 가장 낮은 자리, 어쩌면 죽음의 자리에서도 어떻게 소망의 등불이 되는지를 깨달을 수 있기를 바랍니다. 각 장마다 배어 있는 눈물과 기도의 목소리가 어두운 터널을 지나고 있는 이들에게 한 줄기 빛이 되어 줄 것입니다.

"서울역이목사의 극한사역, 노숙자와 출소자 이야기"가 우리 사회 곳곳에 퍼져 소망과 위로를 전하고, 진정한 주님의 사랑으로 온 세대를 회복하는 디딤돌이자 메아리가 되기를 간절히 소망하며 추천합니다.

이삼윤 변호사

　이 책은 이상덕 목사님을 통한 주님의 사랑의 메시지입니다. 노숙자들과의 치열한 삶을 통해 복음을 향한 믿음의 여정을 여과 없이 보여주었고, 포기하지 않으시는 하나님의 사랑을 확인할 수 있었습니다.

　이 책 한 장, 한 장에는 노숙자들이 일상에서 마주하는 아픔과 배신, 슬픔과 절망, 분노와 좌절, 상처와 두려움을 넘어서 주님이 흘리신 피 한 방울이 가져오는 희망과 용기, 인내와 기쁨, 이해와 위로, 사랑과 기다림, 진실과 생명이 십자가 복음으로 녹아져 있습니다.

　죄적인 체질로 죄를 지을 수밖에 없는 인간의 본성, 그런 우리를 구원에 이르게 하는 십자가 복음, 복음으로 주님의 몸 된 교회로 살아가는 한 사람의 절규와 기도, 사랑과 헌신을 경험할 수 있었습니다. 그리고 엘림이의 축복, 생명은 피가 아니라 사랑으로 연결된 것임을 알게 하셨습니다.

　이상덕 목사님은 보통의 사람들과는 다른 길을 걸어왔습니다. 그러나, 억울해 미칠 것 같았던 그 상황, 차가운 교도소에서 보낸 인내의 하루하루도 하나님의 경륜이었고, 하나님을 만나고 사랑하는 법을 알게 된 시간들이었습니다.

예수 그리스도와 그가 십자가에서 못 박히신 것 외에는 아무것도 알지 아니하기로 작정하신 이상덕 목사님을 마음 다해 사랑하고 축복합니다. (고린도전서 2:2)

하나님만 남은 인생으로 묵묵히 한 걸음 한 걸음 나아가시는 목사님을 응원합니다. 주님이 하셨고, 주님이 하실 것입니다. 아멘.

목사님을 만나 하나님을 더 좋아하게 된 사람

한승진 목사 (아름다운 제자들)

이상덕 목사님의 사역은 십자가의 사역입니다. 가장 낮은 곳에서 가장 어렵고 힘든 사람을 향한 하나님의 사랑을 실천하는 사역입니다. 그곳은 배신과 거짓, 상처와 아픔, 거절과 절망이 가득한 곳입니다. 일반인들은 감히 상상할 수 없는 자리입니다.

이상덕 목사님은 그곳에 예수님의 사랑을 가지고 가서 배신을 당하고 이용을 당하고 무시를 당하면서, 때로는 협박을 당하고 위협을 받으면서도 묵묵히 그 자리를 지키며 사역하고 있는 신실한 하나님의 종입니다. 이 책은 바로 그 자리에서 일어난 일들을 있는 그대로 담담하게 기록해 놓은 책입니다. 그래서 쉽게 읽혀지지만 결코 쉽지 않은 내용들이 가득한 책입니다. 이 시대를 살아가며 힘들어하고 낙심하며 지쳐있는 그리스도인들에게 권하고 싶습니다. 이 책을 읽고 다시 힘을 내시라고…

저는 간접적으로 목사님과 매주 금요일 기도원에서 함께 예배하며 목사님의 사역을 엿볼 수 있었습니다. 매주 함께 생활하는 분들과 함께 기도원에 와서 저들을 위해 기도하는 목사님을 보면서, 갓 태어난 엘림이의 보모가 되어 그 누구보다 사랑으로 엘림이를 키우는 목사님을 보면서 늘 도전과 희망을 느낍니다.

그래서 이 책의 내용들이 눈으로가 아닌 마음으로 읽혀지는 감동을 느꼈습니다. 여러분에게도 이 감동과 은혜가 경험되시길 간절히 기도하는 마음으로 이 책을 권하고 싶습니다.

정석규 교수 (서울한영대학교 구약학)

  기독교에서 말하는 믿음과 사랑은 명사가 아니라 동사입니다. 행함이 없으면 구원으로 이끄는 믿음이라고 할 수 없고, 삶이 동반되지 않으면 진정한 사랑이라 할 수 없습니다.

  저는 이상덕 목사님을 통해 진정한 믿음과 사랑이 무엇인지 보고 배우고 있습니다. 비록 처음에는 학교에서 교수와 학생의 관계로 목사님을 만났지만, 교수인 제가 오히려 학생인 이상덕 목사님을 통해 많은 것을 배우고 있습니다.

  "서울역이목사의 극한사역, 노숙자와 출소자 이야기"라는 책은 표면적으로는 목사님께서 5년간 서울역 노숙자들과 출소자들에게 베푸셨던 사랑 이야기입니다. 그러나 사실 이 책은 지난 5년간 목사님을 통해 활동하셨던 하나님의 사랑 이야기입니다. 교도소에서 예수 그리스도의 십자가의 복음을 듣고, 자기 안에서 복음의 능력을 체험했던 목사님께서 출소 후 5년간 하셨던 복음의 사역, 그리고 그 가운데 만난 사람들과 나누었던 사랑의 흔적입니다. 이전의 본인처럼 사회로부터 철저히 버림받고 외면받았던 자들에게 자신이 먼저 경험한 십자가의 사랑을 전염시킨 사건의 기록입니다.

저는 이 책 속에서 교실에서 잘 알 수 없었던 목사님의 모습과 사역을 보았습니다. 십자가의 복음이 얼마나 강력한지, 예수 그리스도의 사랑이 얼마나 전염성이 있는지 몸서리치게 느꼈습니다. 제가 이 책을 통해 발견하고 느낀 것들을 독자분들도 함께 경험했으면 좋겠습니다. 그래서 목사님을 통해 보여주셨던 하나님의 사랑 이야기가 우리 모두의 사랑 이야기가 되길 소망합니다.

'짱아' ('교도소tv' 유튜브 채널을 5년째 지켜보며 함께 울고 웃어온 동역자)

"하나님을 진실하게 만난 사람은 반드시 변합니다." 이 한 문장은 제가 지난 5년 동안 직접 보고, 듣고, 울고, 웃으며 깨달은 진리입니다. 그 증거가 바로 이상덕 목사님입니다.

처음에 '서울역이목사tv' 유튜브 채널을 우연히 접했을 때 저는 단순한 호기심이 발동했습니다. '전직 조폭이 목사라니!' 그저 흥미로운 이야기라 생각하고 영상을 보기 시작했지만, 어느 순간 저는 이 채널을 통해 진짜 예수님의 사랑과 복음의 현장을 마주하게 되었습니다. 그렇게 시작된 인연이 벌써 5년이 되었습니다.

이 책 "서울역이목사의 극한사역, 출소자와 노숙자 이야기"는 단순한 자서전이 아닙니다. 지난 5년 동안 함께 살아내고, 함께 눈물 흘리고, 함께 기도하며 겪은 생생한 복음의 기록지입니다.

저는 그 시간들을 곁에서 지켜본 사람으로서 이 책에 담긴 이야기 하나하나가 '생생한 삶의 드라마'라는 것을 압니다.

서울역 거리 한복판 병든 노숙자와 출소자들 사이에서, 이상덕 목사님은 결코 '남'처럼 군림하지 않았습니다. 그들과 같은 공간에서 먹고 자며, 때로는 배신당하고 모욕을 당해도 '가족'처럼 그들을 품었습니다.

누군가가 말립니다. "목사님 이분은 안 됩니다." 그때마다 목사님은 "내가 아니면 누가 이분들을 돌보겠어요?"

개중에 이상덕 목사님에 대해 잘 알지 못하는 사람들은 그분을 오해합니다. 전직 조직폭력배였다는 과거와 남다른 행보 때문입니다. 하지만 하나님을 진심으로 만난 사람은 변합니다. 저는 그 변화를 바로 제 눈앞에서 보았습니다. 그 변화의 도구가 되어 저를 포함하여 방황하던 많은 이들의 발걸음을 다시 교회로 이끄신 분이 바로 이상덕 목사님입니다.

목사님은 기꺼이 자신의 삶을 내려놓고, 오직 하나님의 부르심에 순종하여 세상에서 가장 낮고 소외된 노숙인과 출소자에게 복음을 전하는 사역에 힘쓰고 있습니다.

이 책은 하나님께서 직접 써 내려가신 치유와 회복의 역사서입니다. 이 책을 통해 많은 이들이 그 헌신과 눈물, 그리고 복음의 능력을 체험하게 되기를 간절히 소망합니다.

주찬송해 (유튜브 '교도소TV' 구독자이자 찬양단장으로 활동하며 한국교회, 교도소, 경찰서, 군부대, 호스피스 병동에서 찬양과 간증 사역으로 섬김)

저는 목회와 사역의 길을 걸으며 수많은 간증과 회복의 이야기를 접해왔습니다. 이상덕 목사님의 "서울역이목사의 극한사역, 출소자와 노숙자 이야기"는 그 어떤 간증집보다도 깊은 울림과 감동으로 제 가슴을 적셨고, 하나님 앞에서 다시금 제 사명을 붙잡게 하는 거룩한 도전이 되었습니다.

이 책은 단지 한 사람의 이야기나 고난의 기록이 아닙니다. 이는 십자가를 진 주님의 사랑이 서울역이라는 가장 낮은 자리에서 어떻게 피어나고 흘러갔는지를 증언하는 생생한 복음의 현장입니다. 책장을 넘길 때마다 독자는 예수님께서 지금도 가장 연약한 자에게 다가가시는 그 손길을 목격하게 될 것이며, 눈물의 기도와 사랑으로 영혼을 일으켜 세우시는 주님의 마음을 직접 체험하게 될 것입니다.

이상덕 목사님은 한 영혼을 천하보다 귀하게 여기시는 주님의 심장을 그대로 지니신 분입니다. 찰나의 순간도 헛되이 보내지 않으시고, 거리의 가장 낮은 자들과 함께 울고 웃으며, 때로는 조롱과 오해를 감수하면서도 주님의 사랑으로만 하루하루를 살아내는 충성된 종이십니다.

이목사님은 유머와 지혜, 인내와 겸손, 사랑과 온유함으로 연약한 이들에게 먼저 다가가십니다. 병들고 버림받은 자들에게 손을 내밀고, 방황하는 이들에게 말씀과 기도로 길을 밝혀주며, 눈물로 기도하며 그들을 다시 하나님의 품으로 인도하시는 그 사역은 그 자체로 한 편의 복음서입니다.

저는 확신합니다. 이 책을 손에 드는 모든 이들은 하늘의 눈으로 세상을 다시 바라보게 될 것이며, 진정한 회복과 소망이 어디에 있는지를 깨닫게 될 것입니다. 주님께서 이 목사님의 눈물의 기도와 헌신을 기억하시며 하늘의 크신 상급으로 채워주실 줄 믿습니다. 이 책은 단지 읽는 책이 아니라, 기도하며 읽고, 눈물로 감동받고, 믿음으로 결단하게 하는 책입니다.

　한국교회의 모든 목회자와 전국의 성도님들, 그리고 방황하는 모든 영혼들에게 이 책을 강력히 추천해 드립니다.

서문

"한 영혼을 살리기 위해 나 자신을 거리의 바닥에 던졌습니다."

나는 목사입니다. 그러나 내 강대상은 교회 안에 있지 않았습니다. 서울역, 노숙인 쉼터, 서울역 광장, 그리고 교도소와 면회실이 나의 강대상이었습니다. 그곳에서 나는 설교 대신 함께 울었고, 기도 대신 술 냄새 가득한 숨소리를 들으며 밤을 지새웠습니다.

지난 5년, 나는 알코올중독으로 무너진 영혼들과, 교도소를 출소한 이들과 함께 살아왔습니다. 단순한 돌봄이나 봉사가 아닌, 같이 먹고, 자고, 싸우고, 포기하지 않는 삶의 동행이었습니다.

이 책은 그 5년의 생생한 기록이자, 하나님께서 나를 어떻게 '바닥으로 부르셨는지'에 대한 고백입니다.

거리의 사람들은 흔히 '사회 밑바닥'이라 불립니다. 그러나 그 안을 들여다보면, 누구보다 따뜻한 마음과 회복을 갈망하는 눈동자가 숨어 있습니다.

그들의 상처는 사회의 실패가 만든 것이었고, 나는 그 상처에 손을 얹고 울 수밖에 없었습니다.

어느 날, 서울역 노숙자 부부에게서 태어난 한 아이를 만났습니다. 그 아이는 노숙자 부부에게서 태어났지만, 하나님의 섭리로 내 가슴으로 들어왔습니다. 나는 그 아이를 엘림이라고 불렀고, 그 순간부터 내 삶의 목적은 한 차원 더 깊어졌습니다.

이 책은 엘림이의 이야기이기도 하며, 동시에 서울역이라는 이름 아래 무너진 수많은 '엘림들'에 대한 연대의 기록입니다.

나는 이 책을 통해 고백합니다. 예수님은 가장 낮은 곳에 계셨고, 지금도 그곳에 계십니다. 그래서 나는 가장 낮은 곳에서 가장 높은 하나님의 사랑을 보았습니다.

혹시 이 책을 읽는 당신이 지금 어두운 터널을 지나고 있다면, 내가 만난 사람들의 극한 이야기 속에서 희망을 발견하길 소망합니다. 그리고 당신도 누군가에게 그 희망의 증거가 되어주기를 바랍니다.

서울역에서 눈 오는 날, 이상덕 목사

제1장
눈물의 빵,
그리고 첫 발걸음

"내일 그들은 어디로 갈까 그 생각에 나는 잠을 잘 수 없었다."

2020년 10월 3일, 나는 6년의 실형을 마치고 교도소 문을 나섰다. 수감되기 전 나는 조직폭력배의 부두목이었지만 출소할 때 나는 하나님의 부르심을 받은 강도사로 거듭나 있었다. 감옥 안에서 나는 완전히 무너졌고 바로 그 무너짐의 바닥에서 예수 그리스도를 인격적으로 만났다.

하나님은 내게 단지 착하게 살아가라는 삶을 요구하지 않으셨다. 나처럼 무너진 이들을 일으켜 세우는 자리 절망의 한복판에서 소망을 심는 삶으로의 부르심이었다. 나는 그 부르심에 순종했다.

출소 후 나는 교도소에서 나온 형제들과 함께 살기 시작했다. 그들을 변화시키고 싶었고, 하나님의 사랑을 전하고 싶었다. 그러나 현실은 녹록지 않았다. 함께 기도하고 예배드려도, 그들의 삶은 쉽게 변하지 않았다. 여전히 술을 마셨고, 욕설이 입을 떠나지 않았다.
  그때 나는 결심했다. 그들을 책망하기보다 함께 낮은 자리로 내려가기로 주님의 십자가가 그랬듯이 나는 먼저 무릎을 꿇었다.

2020년 12월 24일, 성탄 전날 밤. 우리는 빵과 음료수를 들고 서울역으로 향했다. 거리에서 예수님의 사랑을 전하고자 했다. 그것이 나의 첫 거리 사역이었다.

서울역 광장엔 이미 다른 교회 팀들이 사역 중이었다. 그런데 그날 한 목사님이 눈물을 흘리며 마지막 인사를 전하셨다. 코로나19로 인해 서울역 사역을 중단해야 한다는 것이었다.

"오늘이 마지막입니다. 내일부터는 여러분 스스로 살아가셔야 해요. 더 이상 저희는 오지 못합니다. 죄송합니다."

그 말에 노숙인들의 표정은 순식간에 얼어붙었다. 마치 영혼이 멈춘 듯한 그 침묵은 내 심장을 붙잡았다. 돌아오는 차 안 나는 말문을 잃었다. 머릿속엔 단 하나의 생각만 맴돌았다.

'내일부터 이분들은 도대체 어떻게 살아가지?'

그 당시는 목사가 코로나에 걸리면 뉴스에까지 나오고 교회는 문을 닫아야 할 정도로 정부의 핍박이 심했고 코로나를 처음 겪는 많은 사람들은 두려움에 떨던 상황이었다.

그날 밤, 나는 한숨도 잘 수 없었다. 새벽이 되자 마자 가방을 쌌다. 성경책, 칫솔, 수건, 핸드폰. 그리고 아무 생각 없이 서울역으로 향하는 지하철과 버스를 갈아탔다. 무언가라도 해야겠다는 막연한 마음 하나로 나는 거리로 나왔다.

그 순간이 내 진짜 첫 발걸음이었다. 교회도, 예산도, 지원도 없었다. 오직 하나님만 있었다.

그리고 나는 거리에서 목회자로 다시 태어났다.

이때 촬영된 영상이 유튜브 채널 "교도소tv"와 "서울역이목사tv"의 첫 번째 영상이었다. 그 영상 속에는 처음으로 복음을 전하며 눈물짓는 나의 모습이 담겨 있다.

어느 날, 한 노숙인 형제가 내게 다가와 말했다.

"목사님, 누가 봐도 당신은 진짜야. 진짜 여기서 살아야 되는 사람이야."

그 말은 내 사역의 출발점이 되었다.

제2장

나는 끝까지
사랑해 보려고 했다

서울역 이 목사의 삶은 시작부터 고난의 연속이었다.

매일 술에 취해 싸우는 이들 죽겠다고 말하던 사람이 술만 보면 벌떡 일어나 고래고래 소리를 지르고, 아무 데서나 바지를 내리고 노상 방뇨를 일삼는 현실은 나를 당황하게 했다.

"사랑은 결코 계산이 아니었다. 그저 견디는 것, 그저 버텨 주는 것이었다."

서울역에 나온 나는 아무 능력도 아무 대책도 없었다. 도움 하나 받지 못하는 상황에서 절망감이 밀려왔지만, 그럼에도 포기할 수는 없었다. 내가 살아온 삶이 이들보다 더 악하고 추하며 더 깊은 어둠 속에 있었기 때문에 그들의 고통은 나에게 곧 내 살을 파고드는 아픔으로 다가왔다. 그래서 나는 돌아설 수 없었다.

어느 날, 청송교도소에서 함께 수감됐던 선배가 말했다.

"야, 유튜브 해봐. 너처럼 아무것도 없는 사람은 사람들한테 직접 말하고 도움을 구해야 해."

지푸라기라도 잡는 심정으로 시작했다. 촬영도 편집도 몰랐지만 카메라를 켰고 거리에서 만난 이들의 이야기를 담기 시작했다. 그것이 유튜브 채널 "교도소tv"와 "서울역이목사tv"의 시작이었다.

하지만 방송은 쉽지 않았다. 보는 이들은 거의 없었고 겨우 지인들의 응원과 몇몇의 호기심 어린 시청자뿐이었다. 시간이 지날수록 재정적 압박은 심해졌다. 음식은 나눠야 했고 싸움으로 다친 이들을 외면할 수 없었다. 병원비, 비상약, 소모품등 감당할 수 없는 지출은 누나에게 빌린 신용카드로 메꿨다.

나는 기도했다.

"하나님, 어떻게든 해 주십시오. 저는 아무 힘이 없습니다."

그렇게 버티던 어느 날, 서울역 지하 중앙통에서 한 남자를 만났다. 그는 평생 알코올중독자로 살아온 노숙자들 사이에서도 막장이라 불리던 존재였다. 그러나 그날 그의 입에서 흘러나온 찬양 "실로암"은 나의 마음을 무너뜨렸다. 그리고 하나님의 음성이 들려왔다.

"저 사람을 살려야 한다."

나는 그의 손을 잡고 함께 집으로 향했다. 그를 '남 집사'라 불렀다.

실제 집사 직분이 있는 것은 아니었지만, "꼭 회복해서 진짜 집사님이 되라"는 의미의 닉네임이었다.

그러나 현실은 냉혹했다. 내가 자는 사이 그는 다시 밖으로 나가 술을 마셨고 술 냄새가 진동해도 "안 마셨다"고 거짓말을 했다. 나는 믿으려 했고 매일 기도하며 기다렸다. 하지만 그는 바뀌지 않았다.

그의 술주정과 만취한 밤거리 방황은 결국 누나의 귀에까지 들어갔고 누나는 내게 말했다.

"너도 나가. 더는 못 참겠다."

남 집사는 술을 끊겠다는 각서를 썼고 우리는 마지막으로 버텨보았다. 하지만 오래가지 못했다. 얼마 지나지 않아 그는 또다시 가출했고 다시 서울역으로 향했다. 다른 노숙인들에게 폭행을 당하고 몸이 망가지면서도 그는 술이 있는 서울역을 택했다.

그 뒤로 몇 년 동안 그는 나를 찾아왔다가 떠나기를 반복했다. 나는 그를 사회의 일원으로 세우고 싶었고 그를 위해 끊임없이 기도했다. 지금도 여전히 기도한다.

"주님, 남 집사를 지켜 주십시오. 그가 진짜 집사가 될 수 있도록 술을 끊고 세상 속에서 살아갈 수 있도록 길을 열어 주시옵소서."

지금 남 집사는 알코올 전문 병원에 입원 중이다. 수차례 탈출하고 다시 술을 마시고 돌아오기를 반복해 병원도 더는 받아주지 않으려 했다. 하지만 사회에선 술을 너무 많이 마시기에 몸이 견디지 못했다. 결국 살기 위해 병원에 입원 중이다. 아마 봄이 오면 다시 탈출해 나를 찾아올 것이다.

그리고 또 다른 인물, 서울역에서 만난 한 남자, 별명 '모기'.

모기는 타 유튜브에 등장하면서 사람들에게 알려졌지만 그의 실상은 술과 거짓 욕설과 폭력의 덩어리였다. 내 앞에서는 "목사님~ 목사님~" 하면서 다정하게 굴지만, 뒤에서는 "저 목사 새끼 쇼하고 있네"라며 나를 비방했다.

나는 알고 있었다. 그가 나를 '돈 나오는 기계'처럼 생각하고 있다는 걸. 반복된 거짓말과 가출 술주정 그럼에도 나는 모른 척하며 품었다. 왜냐하면 나 역시 그보다 나은 인생이 아니었기 때문이다. 나도 죄와 실패 속에 살아왔고, 하나님의 사랑이 아니었다면 살아남을 수 없었다.

주변 사람들은 말했다.

"또 속는 거 아냐?", "왜 하필 그런 사람한테 목숨 걸어?"

나는 말하지 않았다. 다만 속으로 생각했다.

'내가 그를 변화시키는 게 아니라, 그를 사랑하는 걸로 내 믿음을 증명하자.'

그와 함께 살면서 수많은 가출, 술주정, 욕설, 경찰 출동, 유튜브 악플까지... 감당하기 어려운 밤들이 이어졌다. 결국 나는 기도했다.

"주님, 제가 잘못된 겁니까?"

그때 들려온 하나님의 음성.

"너는 그를 변화시키려 했지만, 나는 너를 변화시키고 있었다."

나는 그 말씀 앞에 무너졌다. 그리고 깨달았다. 이 사역은 누군가를 바꾸기 위한 싸움이 아니라 나를 새롭게 하시는 하나님의 손길이었다.

그 이후 나는 결과가 아닌 순종을 선택했다.

복음은 성공이 아니라 순종이다.

나는 남 집사를 변화시키지 못했다. 그리고 모기도 변화시키지 못했다. 그러나 나는 끝까지 그들을 사랑해 보았다. 그리고 그 안에서, 나는 예수님의 십자가를 조금 더 깊이 이해하게 되었다.

제3장

꿈꿨던 공동체, 그러나 현실은 더 깊은 절망이었다

"사람을 살리고 싶었지만 내가 먼저 무너져갔다."

서울역에서 사역을 계속할수록 한 가지 꿈이 생겼다. 이 형제들을 데리고 조금 더 안정된 환경에서 공동체를 만들어 복음으로 살아볼 수 있다면 얼마나 좋을까...

그 꿈을 따라 나는 여주의 한 시골 마을에 작은 집을 얻었다. 거기엔 '모기'를 비롯해 서울역에서 전설이라 불리던 이들이 함께 따라왔다. 폐닭, 신성일, 꽁지, 주윤발. 이름 대신 별명으로 불린 이들은 모두 한때 지성과 예술성, 깊은 인격을 가졌던 이들이었다. 그러나 지금은 알코올중독으로 자아를 잃고 방황하는 영혼들이었다.

폐닭은 성균관대 법대를 졸업하고 사법고시 1차를 통과했던 엘리트였다. 군 복무는 카투사. 그러나 술만 마시면 전혀 다른 사람이 되었고 폭력과 욕설, 조롱 섞인 말로 공동체를 찢곤 했다.

신성일은 마치 시인 같았다. 삶을 운율처럼 풀어내며 조용하고 부드러운 영혼이었지만 노숙자 사회에서 그의 착함은 약점이 되어 늘 폭력에 노출되고 무시당했다.

꽁지는 외모도 단정하고 말도 조리 있었으며 지능도 높았다. 나는 그에게 큰 기대를 걸었지만 그는 사람을 뒤에서 조종하고 공동체를 분열시키며 가장 먼저 나를 배신한 형제였다.

주윤발은 누구보다 착하고 순박했다. 그러나 술과 담배를 끊지 못했고 결국 후두암으로 목에 구멍을 뚫는 수술까지 받았다. 마지막 순간까지도 술을 찾던 그의 모습은 내 가슴을 미어지게 했다.

나는 그들과 함께 천국을 꿈꾸며 여주로 향했지만, 현실은 지옥의 시작이었다.

고성방가와 욕설, 폭력이 난무했고, 경찰은 수시로 출동했으며 마을 주민들의 항의가 빗발쳤다. 결국 우리는 그곳에서 쫓겨났다.

그다음엔 양평으로 옮겼다. 1층에는 우리가 2층에는 귀가 잘 들리지 않는 연로한 부부가 살았다. 그나마 조용히 지낼 수 있으리란 기대도 잠시 우리는 여전히 무너지고 있었다.

그때 절실히 깨달았다. 사람은 환경으로 바뀌지 않는다. 아무리 좋은 장소 아무리 조용한 시골이라 해도 인간의 본질은 바뀌지 않는다.

"사람은 환경으로 바뀌지 않는다. 오직 복음으로 오직 회개로 바뀐다."

공동체는 사람을 바꾸는 곳이 아니라 사람이 바뀌지 않아도 끝까지 품고 울어주는 곳이어야 한다는 것을 나는 그제야 배웠다.

그곳 양평 쉼터는 우리들에게 많은 추억을 남겼지만 또한 많은 상처를 나에게 주었던 아픈 기억으로 남는 곳이다.

제4장

폐닭의 진실
그는 법닭이었다

폐닭, 그는 무리 중에 나이가 가장 많았다. 그런데도 많은 동료들이 그냥 폐닭이라고 불렀다.

그 이유는 간단했다. 그의 외모와 말투 그리고 술에 찌든 일상은 마치 삶이 완전히 소진된 폐계닭을 연상케 했다. 모두가 그를 그렇게 불렀고 그도 아무렇지 않게 받아들였다. 하지만 이상했다.

폐닭은 다른 노숙자들과 달랐다.

다른 이들이 담배꽁초를 주우며 알코올에 무감각해질 때 그는 멀쩡한 얼굴로 도서관에 드나들었고 책을 손에 쥐고 무언가를 곱씹듯 읽었다. 종종 토론이라도 벌이는 듯 허공을 향해 말을 던지곤 했다.

"내가 말이야... 성균관대학교 법대 출신이야. 법을 전공했고 사시도 봤어. 카츄사도 다녀왔지."

주변 노숙자 동료들은 킥킥 웃었다.
"야, 폐닭. 그만 좀 헛소리 해. 정신줄 놓은 노인네 티 좀 내지 말고."
"법대면 뭐해. 너 지금 거리에서 인생을 굴리고 있잖아."

사람들은 믿지 않았다. 아니, 믿을 수 없었다.

성균관대학교 법대? 사법고시? 카투사? ㅋㅋ 그런데 그 나이에? 지금 이 꼴로?

나 역시 처음엔 의심했다. 하지만 어딘지 모르게 그 사람의 눈빛은 흔한 알코올중독자의 그것과 달랐다. 지식인의 깊은 굴곡이 느껴졌다. 어느 날 내가 운영하는 유튜브 방송에서 그가 이 말을 다시 반복하자 시청자들도 반응하기 시작했다.

"목사님, 이거 사실인지 한번 확인해 봐야 하는 거 아닙니까?"
"진짜면 대박이고 거짓이면 그냥 또라이입니다."

나도 혼란스러웠다. 정말 그는 진주인가 아니면 거짓말에 취한 술고래인가?

조용한 날 오후 나는 폐닭을 데리고 서울역 근처 조용한 커피숍으로 들어갔다.
"폐닭님, 오늘은 진지하게 좀 얘기합시다."
그는 나를 쳐다보았다. 초점이 또렷했다.
"폐닭님, 솔직하게 말해주세요. 그 이야기... 진짜입니까? 폐닭님이 성균관대 법대를 나왔다고요?"

그 순간, 폐닭은 소리치듯 말했다.
"목사님! 왜 저를 그런 눈으로 봅니까? 나는 거짓말을 하지 않아요. 특히 목사님 앞에서는 절대!"
그의 눈에 순간, 눈물이 맺혔다.
"내가 왜 거짓말을 해요. 그럴 만한 이유도 없고 자존심도 이제 바닥인데... 목사님이 믿어준다면 다 보여드리겠습니다."

나는 결심했다. 이 사람의 진실을 확인하자.

며칠 후 나는 폐닭과 함께 성균관대학교로 향했다.
대학교 교무처, 직원이 고개를 갸우뚱하며 서류를 검색한다.
"이름이 어떻게 되신다고요?"
"폐닭... 아니, 본명은 ○○○입니다."
서류 한 장이 프린터에서 출력됐다.
나는 숨을 멈췄다.

성균관대학교 법학과 졸업, 사법시험 1차 합격, 그의 말은 모두 사실이었다.
이어 병무청으로 향했다.
카투사 복무 확인서, 그가 미군과 함께 근무했던 이력까지 명백히 드러났다.

그 순간, 가슴이 울컥했다.
이 진주를 우리가 폐닭으로 부르다니...

그날 이후, 방송에 그 모든 진실이 드러나자, 댓글이 폭발했다.
"미안하다. 그를 무시했다."
"진짜 멋진 형님이셨네요. 다시 봅니다."
"이젠 폐닭이 아니라 법닭이네!"
"회장님이라 불러야 할 듯!"

거리의 사람들도 달라졌다.
"형님, 저 법에 대해 물어보고 싶은데요..."
"오늘은 회장님 커피 사드리겠습니다."

그리고 나와 법닭, 아니 ○○○ 회장님의 관계도 급속도로 깊어졌다. 그는 내게 이런 말을 했다.
"목사님 제가 다시 살아보고 싶습니다. 믿어줘서 정말 감사합니다."

그날 밤, 나는 무릎을 꿇고 기도했다.
"하나님, 어쩌다가 이런 보석이 이 거리 한복판에 버려진 겁니까 이 사람을 다시 사회로 이끌 수 있도록 제가 쓰임받게 하소서."

그날 이후 나는 사역에 더 뜨거워졌고 기도에 더 깊어졌다.
내가 품는 사람은 폐닭이 아니라 하나님의 작품이었다.
그의 회복은 곧 하나님의 계획이었다.
그리고 그 이야기는 아직 끝나지 않았다.

제5장

성균관 법닭,
조폭 두목이 되다

폐닭이 폐닭이 아니게 된 날이 있었다.

성균관대학교 법대를 졸업하고 사법고시 1차 합격 심지어 카투사 복무까지 한 그의 진실이 만천하에 공개되었을 때였다.

사람들의 반응은 놀라움 그 자체였다.
"헐, 진짜였어?"
"이거 영화로 만들어야 하는 거 아냐?"
"폐닭이 아니라 '법닭'이지 이제는!"

서울역 광장 한복판에서 쏟아지던 멸시가 박수와 존경으로 바뀌는 순간이었다.
심지어 "회장님"이라고 불리는 일도 잦아졌고 유튜브 방송에선 "선생님, 혹시 민사소송 질문 좀 해도 될까요?"라는 댓글이 이어졌다.

하지만... 그날 이후 폐닭은 변했다. 아주 많이 변했다.

처음엔 그저 어깨가 으쓱한 정도였다.
하지만 시간이 갈수록 그는 스스로를 법과 무력의 신이라 착각하기 시작했다.
술만 마시면 지식인을 넘어 권력자가 되었고 급기야 전직 조폭 두목이라는 망언까지 하기 시작했다.

"내가 말야 옛날에 전주에서 김태촌이랑 한 패였어. 김태촌이 바로 내 오른팔이었지!"

급기야 "이 목사! 나 김태촌이야. 알겠냐? 너 요즘 말이 많아. 조심해!"

나는 어처구니가 없었다.
'폐닭이 이제 법닭에서 조폭닭으로 가는구나…'

하지만 진짜 문제는 따로 있었다. 술.

폐닭은 점점 자기를 '대우'해 달라며 노골적으로 술 마시는 자유를 요구했다.
"내가 누군데? 성균관대 법대 나온 사람한테 술도 못 먹게 해? 말이 돼?"
"난 너처럼 교회에서 신앙 타령만 하며 사는 사람 아니야!"

나는 단호히 말했다.
"폐닭님, 나는 목사입니다. 그리고 이 공간은 회복의 집이에요. 술은 절대 안 됩니다."

그 순간부터 폐닭은 틈만 나면 서울역 3번 출구로 가출했다.

거기는 마치 그만의 왕국처럼, 늘 그의 자리가 따로 있었다. 그리고 그는 거기서 술을 마셨다. 매일같이.

"하나님 이 사람 좀 제발 살려주세요"

나는 수차례 폐닭을 찾으러 갔다.
쓰레기봉투를 뒤적이고 술에 취해 벤치에 쓰러진 그를 다시 차에 태워 양평 쉼터로 데려오곤 했다.
가끔은 나를 보자마자 도망치기도 했고 가끔은 "목사님이 나밖에 없네…"라며 울기도 했다.

하지만 한동안 밥도 먹지 않고 술만 마시던 폐닭의 몸에 이상이 왔다. 술을 너무 마셔서 수전증과 함께 자주 쓰러졌다.
나는 그를 서울역에서 픽업해 차에 태우고 양평으로 향했다.
나는 유튜브 라이브 방송을 켰다.

아, 그런데… 폐닭님이 또 시작하신 거다.

"야! 내가 누군지 알아? 나! 김! 태! 촌! 이야!!"

"이 목사! 너, 나랑 한번 붙어볼래? 네 놈은 한주먹감이야!"

갑자기 차 안이 조폭 영화 세트장이 되었다.
나는 당황하지 않고 대답했다.
"예, 두목님. 죄송합니다. 두목님은 제가 감히 넘볼 분이 아닙니다."
"그래, 그 자세야. 김태촌은 그런 사람이다! 나 법도 알고 주먹도 썼어! 다 때려부셔!!!"

라이브 방송 채팅창은 폭발했다.

"아니 진짜 김태촌 되는 거 아니냐고 ㅋㅋㅋ"
"목사님 조폭 연기 너무 잘 받아주심 ㅋㅋㅋ"
"성균관 조폭 ㅋㅋㅋㅋ 법닭에서 김태촌 되는 거 실화냐"

그날 방송은 유튜브 역사상 가장 혼란스럽고 재미있는 방송이 되었고, 나는 그 방송을 마치며 이렇게 생각했다.

"폐닭님은... 하나님이 만든 가장 복잡한 조합입니다.
성균관+카투사+김태촌. 이거 다 가진 사람 없습니다.
근데 저는 폐닭님이 하나님의 자녀라는 그 한 가지로 충분합니다."

그날 밤 폐닭님은 피곤에 겨워 잠들었고 나는 쉼터 창가에 앉아 조용히 기도했다.

"하나님, 이 사람을 포기하지 않게 해 주셔서 감사합니다.
술에 취한 그의 모습도 조폭 흉내 내는 그 말투도 결국은 주님께 돌아가려는 발버둥이란 걸... 제가 이제는 압니다."

사역의 길 위엔, 법닭도, 조폭닭도, 술닭도 있다.
하지만 그 모두를 하나님은 자기 새끼처럼 품으신다. 그리고 나 역시... 그렇게 살아가야 한다.

지금 폐닭님은 기초생활 수급자로 인정되어 매달 20일이 되면 수급비를 받아 생활을 하고 계신다. 아직도 가끔 전화를 하여 "이 목사님 차 한잔 하시죠"라고 하면 가서 그를 만난다.

그리고 차를 한잔 마시고 그때의 일들을 말한다. 항상 만날 때는 김치를 갖고 와 달라고 한다. 우리 누나가 담근 김치가 세상에서 제일 맛있다고 한다.

그가 술에 취해 김태촌이 안 되길 항상 기도한다. 그리고 건강하셨으면 좋겠다.

제6장
나는 다시 죄인이 되었다

"억울했지만 십자가는 억울함 위에 세워진 것이었다."

어느 날 연락이 끊겼던 전처로부터 갑작스런 연락이 왔다.
딸들과 함께 있는 그녀는 이혼 당시 양육비 명목으로 전처의 부모님께 넘긴 땅을 다시 자신과 아이들 명의로 돌려달라고 요구했다.

나는 이미 그 땅을 전처의 친모 명의로 넘긴 상황이었으나 전처의 부모님을 찾아가 전처와 아이들 앞으로 명의를 바꿔 달라고 정중히 요청했다. 그러나 "이제 가족도 아닌 제삼자는 빠지라"며 냉정하게 거절당했다.

전처는 그 뒤로 금전 요구를 하기 시작했고 몇 차례 돈을 보냈지만 아이들을 위해 쓰지 않고 유흥비로 탕진하였다. 이후 더 큰 금액을 요구했고 내가 거절하자 그녀는 딸들을 시켜 나를 성폭행범으로 허위 고소하게 만들었다.

그리고 전처는 내가 전직 조폭이기에 보복이 두려워 집에도 들어가지 못하고 아이들과 여관과 찜질방으로 숨어다니며 살고 있다는 진정서를 제출하고 나를 구속시켜서 수사를 해 달라는 식으로 경찰서에 계속 민원을 넣었다.

나는 제대로 조사도 받아보지 못한 채 경찰서에서 조사 한번 받고 피해자 보호 차원에서 구속되었고 언론은 사실관계가 드러나기도 전에 나를 범죄자로 몰았다. 특히 MBC는 "조폭 부두목 출신 목사, 친족 성폭행 혐의로 구속"이라는 제목으로 보도하며 나를 낙인찍었다.

교도소에서 나는 다시 기도했다.

억울함과 수치 수많은 악플과 조롱 속에서 오직 기도만이 나의 위안이었다. "하나님, 저는 아무 잘못이 없습니다. 이건 명백한 거짓입니다." 하나님은 침묵하셨지만 내 영혼은 그 속에서 더 단단해졌다.

재판 과정에서 전처의 충격적인 이중생활이 드러났다. 그녀는 자신의 부모에게까지 아이들을 이용한 사기를 치고 그 돈으로 도박과 마약에 빠졌으며 동성연애 관계까지 맺고 있었다. 아이들은 학대와 폭력에 시달렸고 학교 선생님이 아이의 상처를 보고 신고함으로써 진실이 드러나기 시작했다.

전처는 아이들에게 "엄마가 죽어도 괜찮냐"는 말을 하며 협박했고 재판에선 아이들에게 허위 진술을 교육시켰다. 그러나 아이들은 재판정에서 조작된 내용을 진실처럼 증언하지 못했고, 그 후 전처와 동거녀로부터 폭행을 당했다. 아이들이 찍어놓은 상처 사진과 담임교

사의 신고가 결정적 증거가 되었다.

나는 창원교도소에서 구속 상태로 비참한 나날을 보냈다. 과거 나를 따르던 후배들, 교도관들, 모두가 겉으론 위로했지만, 마음속엔 날 의심하고 있을 것 같았다. 나는 매일 침묵 속에서 하나님께 호소했다.

재판이 시작되자 변호사님은 사건의 모순점들을 하나하나 밝혀냈다. 특히 고소 하루 전, 전처가 나에게 보낸 협박 문자, 아이들과의 통화 기록, 알리바이 오류 등이 확인되자 판사는 나를 보석으로 석방했다.

그렇게 나는 구속 5개월 만에 전자발찌를 차고 출소했다. 이후 1년이 넘는 기간 동안 서울과 창원을 오가며 재판을 받았다.

재판을 받기 위해 창원으로 향하던 어느 날, 나는 고속도로 휴게소에서 모자를 푹 눌러쓴 채 라면을 먹고 있었다. 그때 한 어르신이 내게 다가와 두유를 건네며 말했다.

"이상덕 목사님 맞죠?"

나는 당황해서 모자를 더 눌러쓰고 대답 없이 자리를 피했지만, 그분은 조용히 말했다.

"아니어도 상관없습니다. 두유 드시고 힘내십시오, 목사님."

나는 울음을 참지 못하고 주차장 한구석에 차를 세운 뒤 통곡했다.

"하나님, 이 억울함을 풀어 주시옵소서 저는 죽고 싶지만 죽을 수도 없습니다."

그 긴 시간은 치욕의 연속이었다. 그러나 나는 믿었다.

"지금 죽으면 아무도 진실을 밝히지 못한다. 반드시 무죄를 증명해야 한다. 내 딸이 당하지도 않은 성폭력 피해자로 남아서는 안 된다."

그리고 마침내 1년 10개월 후 1심과 2심 모두 무죄. 검찰은 상고를 포기했고, 나는 완전한 무죄를 선고받았다.

그 순간 내 삶은 다시 시작되었다. 억울함을 뚫고 살아난 복음. 그리고 하나님은 얼마 지나지 않아 내 품에 엘림이라는 생명을 안겨 주셨다.

사실 말을 하면 밤을 새워도 그 시간들의 고통을 다 말하지 못한다. 살면서 가장 치욕스러웠던 시간들이었다. 억울해서 몇 번을 죽고 싶었지만 그럴 때마다 하나님은 나를 잡아서 멈추게 하셨다. 그리고 항상 나를 돌아보게 하셨다.

도대체 이 고통은 언제 끝나게 될지 너무 막막하고 암담한 시간들이었다. 악마도 자기 자식을 무기로 삼아 공격하지 않는다. 하지만 전처는 악마도 피해 갈 그런 악마였다.

지금 교도소에서 복역 중인 전처에게 성경책을 넣어 주려고 마음 먹었었다. 하지만 그것도 괜히 악마가 나에게 다시 연락을 하게 되는 빌미가 될 것 같아서 마음을 돌렸다. 죽어서도 보고 싶지 않다.

제7장

진실의 힘은 강하다

"진실은 반드시 밝혀진다. 그것이 내가 미치지 않은 이유였다."

창원교도소 수감 생활은 지옥이 아니라 말 못할 지옥 안의 지옥이었다.

나는 무죄였다.
그 누구보다도 떳떳했고 오히려 피해자였으며 하나님의 복음을 전하며 살아온 사람이었다.

하지만 나는 성폭행범으로, 조폭 목사로, 언론에 낙인찍혀 감옥에 갇혔다.
전국에서 내 이름을 부끄러움과 조롱의 대상으로 삼았다.
악플은 물론이고 어떤 지인들은 연락을 끊었고 어떤 사람들은 "역시 그럴 줄 알았다"는 듯 침묵했다.

그러나 나는 감옥 안에서 미쳐버리지 않았다.
왜냐하면 진실은 반드시 드러날 것이라는 확신이 내 심장에 박혀 있었기 때문이다.

"진리를 알지니 진리가 너희를 자유롭게 하리라." (요한복음 8:32)

감옥 안에서 나는 절망했다. 밤마다 천장을 보며 눈물을 삼켰고, 배식 시간이 지나도 손이 가지 않았다.

샤워를 하며 고개를 숙인 채,

"하나님, 이 치욕을 제가 왜 감당해야 합니까?"

속으로 절규했지만 입 밖으로는 단 한마디도 내색하지 않았다.

그러던 어느 날 예전부터 나를 알고 있었던 한 교도관이 근무 중 나를 부르더니 이렇게 말했다.

"이상덕 씨... 예전부터 알고는 있었지만 정말 멘탈이 너무 강하시네요. 어떻게 그토록 억울한 일을 당했는데도 얼굴에 힘든 표정 한 번도 안 짓고 잘 지내십니까? 나 같으면 벌써 미쳐버렸을 것 같아요. 대단하십니다."

그 말을 듣는 순간, 내 마음 깊은 곳에서 무너질 듯한 울음이 올라왔다. 그러나 나는 웃으며 고개를 숙이고 말했다.

"진실은 언젠가 반드시 드러납니다. 저는 그것 하나만 믿고 견디고 있습니다."

그 교도관은 말없이 나를 바라보았다. 그리고 한마디도 더 하지 않고 돌아섰다.

그러나 나는 알았다.

하나님이 나를 지켜보고 계시다는 증거였고 내 믿음이 누군가에겐 위로가 되었음을 느낀 순간이었다.

진실은 때때로 너무 느리게 움직인다. 너무 늦게 오고 때로는 오지 않을 것 같고 그 기다림 속에서 사람들은 무너진다.

하지만 나는 그 기다림 안에서도 신앙의 줄을 놓지 않았다.

"내가 여호와를 기다리고 기다렸더니 귀를 기울이사 나의 부르짖음을 들으셨도다." (시편 40:1)

내가 감옥 안에서 침묵했던 것은 강해서가 아니었다. 차라리 너무 약해서 말하면 울어버릴까 봐 침묵했던 것이었다.

그러나 그 침묵 속에서 하나님은 나를 단련시키셨고, 내 영혼을 단단하게 빚어 가셨다.

나는 매일 기도했다.

"하나님, 억울합니다. 그러나 제가 진실을 놓지 않게 해 주십시오. 이 고통이 끝나는 날, 제가 사람을 미워하지 않게 해 주십시오. 진리를 지킨 사람이 증오로 오염되지 않게 해 주십시오."

나는 세상 사람들에게 보여주는 강한 얼굴 뒤에서 매일 하나님의 품에서 우는 죄인이었다.

그리고 그때부터 나는 알게 되었다.
진실은 말로 설명하는 것이 아니라 삶으로 견뎌내는 것이라는 것을.

제8장
엘림,
가슴으로 낳은 딸

"하나님은 나의 억울함 끝에 생명의 선물을 예비하고 계셨다."

2024년 12월 12일. 고려대학교 병원 신생아실 앞, 나는 유리창 너머를 보며 조용히 눈물을 흘리고 있었다. 인큐베이터 안에 놓인 아주 작은 아기 그 아이가 바로 엘림이었다.

서울역 사역 중 만난 한 노숙인 부부가 낳은 아기였다. 두 사람 모두 정신적 장애가 있었고 아이를 책임질 수 없는 상황이었다. 그들은 나를 바라보며 말했다.

"목사님, 우리는 못 키워요. 목사님은 할 수 있잖아요."

나는 아무 대답도 할 수 없었다. 돌아와 무릎을 꿇고 하나님께 기도드렸다.

"하나님, 왜 또 저입니까? 이제 좀 쉴 수 있게 해 주시면 안 됩니까?"

그 순간 마음 깊은 곳에서 하나님의 음성이 들려왔다.

"내가 너를 위해 이 생명을 준비했다."

그 말씀 앞에서 나는 무릎을 꿇었다. 엘림.

'하나님의 쉼'이라는 뜻. 그 이름처럼 엘림은 고통과 억울함의 시간을 지나온 나의 영혼을 멈추게 하고 다시 숨 쉬게 만들었다.

병원에서는 유전자 정밀 검사를 요청했다. 장애 부모에게서 태어난 아기였기에 의학적으로는 많은 우려가 따랐다. 검사 결과를 기다리는 날들은 기도로 가득 찼다.

그리고 마침내 나온 결과. '완전 정상.'

담당 의사는 조심스럽게 말했다.

"이건 기적입니다. 이런 경우를 우리는 1%의 기적이라고 부릅니다."

나는 속으로 되뇌었다.

"이 아이는 하나님이 주신 기적입니다."

엘림은 법적으로도 혈연적으로도 내 자식이 아니었다. 하지만 나는 그 아이를 가슴으로 낳았다. 생명은 피로 연결되는 것이 아니라 사랑으로 연결된다는 사실을 나는 엘림을 통해 배웠다.

그렇게 엘림이 태어난 지 100일이 되었다.

100일 동안 아마 나는 혼자 백 번은 울었을 것이다. 2시간마다 아이에게 분유를 먹이고 시도 때도 없이 우는 갓난아이를 달래는 일은 나에게 너무 힘든 일이었고 나의 모든 체력이 바닥나기 시작했다. 하지만 사람들 앞에서는 항상 웃었다. 고통을 드러내는 것이 어쩌면 아직 내게는 허용되지 않는 교만이었을지도 모른다.

아직 걷지도 못하고 아무것도 할 수 없는 갓난아기. 그러나 그 아이의 숨결은 내게 복음을 다시 가르치고 있었다. 복음은 말이 아니라 품는 것이다. 사역은 설교가 아니라 헌신이며 사랑은 말이 아니라 젖병을 드는 손끝에서 증명된다는 것을.

"누구든지 내 이름으로 이런 어린아이 하나를 영접하면 곧 나를 영접함이요 누구든지 나를 영접하면 나를 영접함이 아니요 나를 보내신 이를 영접함이니라." (마가복음 9:37)

나는 이 아이를 통해 매일 하나님과 다시 만나고 있다. 한 생명을 품는 일은 곧 복음을 품는 일이다. 엘림의 존재는 하나님이 내게 주신 회복의 사명이 되었다.

100일이 지난 지금, 엘림은 신생아 전문 영아원에 다니고 있다. 잠시 숨 돌릴 수 있는 여유가 생겼지만 여전히 내 몸과 마음은 회복되지 않았다. 그러나 아이의 숨소리, 울음소리를 들으며, 나는 세상의 모든 부모들이 이런 눈물과 사랑으로 자녀를 키웠다는 사실 앞에 머리를 숙이게 되었다.

이 아이가 커서 하나님의 사람으로 복음을 전하는 주님의 일꾼으로 자라나길 나는 기도한다.

나와 함께 복음으로 살아갈 딸, 엘림. 그 생명 하나로 나는 다시 살아갈 힘을 얻는다.

"여호와께서 자기 백성에게 힘을 주심이여 여호와께서 자기 백성에게 평강의 복을 주시리로다." (시편 29:11)

제9장

효녀 엘림이의 기적
"통잠"

"엘림이는 나의 기적이었고 회복의 사명이었다."

엘림이와 함께하는 일상은 여전히 낯설고 서툴렀다.

그러나 그 모든 순간은 은혜였고 하루하루가 복음의 연장이었다. 작고 연약한 생명, 아직 말을 하지도, 걸음을 떼지도 못하는 그 아이가 내 곁에 있다는 것만으로도 나는 하나님의 숨결을 느낄 수 있었다.

나는 아이를 키워본 적이 없다. 특히, 질병에 대한 두려움은 내 안에 깊이 뿌리내린 상처였다. 내 형들은 어려서 경기를 앓다가 치료를 받지 못해 정신지체 1급 장애를 얻게 되었고 나 역시 어린 시절 경기로 고열에 시달리다 어머니가 의원으로 데려가던 도중 작은 도랑에 빠졌다가 간신히 살아났다. 그 기억은 나에게 평생 지워지지 않는 공포로 남아 있다.

그래서 엘림이가 조금만 이상해 보여도 나는 병원으로 데려갔다.
소아과 원장님은 웃으시며 잘 대처하고 있다고 말했지만 나는 유별난 아빠로 보일까 늘 조심스러웠다.

엘림이는 지금도 병원을 싫어하지만 작은아빠는 병원이 좋아서

가 아니라 너를 너무 사랑하기 때문에 병원에 데려가는 거란다. 혹시라도 네가 아프면 안 되니까 네가 조금만 이상하면 걱정이 너무 되니까. 사랑이란 게 이런 거구나. 작은 아빠는 늘 병원에 데려가면서 너에게 미안하다. 그러나 더 많이 사랑한다.

엘림이가 밤새 뒤척이며 울던 밤들, 나도 함께 울었다. 그 시간은 나에게 또 하나의 복음의 학교였다. 하나님이 나를 어떻게 돌보셨는지를 나를 위해 젖병을 들어 주셨던 아버지의 마음을 나는 그 아이를 통해 다시 배우고 있다.

"아버지의 마음을 아느냐?"

매 순간 이 질문 앞에 선다. 그리고 고개를 숙인다.

엘림이는 세상을 바꾸는 위대한 인물이 아닐지도 모른다. 하지만 나의 세계를 바꾸고 내 신앙을 되돌아보게 만든 하나님이 보내신 작고 위대한 기적이었다.

엘림이의 100일을 맞이하던 날 나는 작은 예배를 드렸다.
지인의 카페를 빌려 가족과 지인들과 함께 하나님께 진심으로 감사하는 예배를 올렸다.

유아세례의 순간, 나는 마음속으로 다시 서약했다.

"이 아이는 내 것이 아니라 하나님의 것입니다. 나는 하나님의 청지기로서 이 아이를 믿음 안에서 기르겠습니다."

복음은 설교가 아니었다. 복음은 가슴으로 낳고, 손으로 키우고, 눈물로 품는 것이다. 엘림이는 내게 그런 복음의 실체를 알려준 존재다.

지금은 작고 연약한 엘림이지만 언젠가 복음의 증인이 되어 세상 앞에 설 날이 올 것이다.

그리고 나는 그날까지 이 아이와 함께 복음을 살아내며, 기도하며, 기다릴 것이다.

"엘림아, 너는 하나님께서 내게 주신 기적이란다. 너는 내가 잃어버린 기쁨이었고, 내가 무너질 때 붙들었던 소망이었고, 다시 일어설 수 있었던 이유였단다."

나는 기도한다. "하나님, 엘림이가 주님의 종으로 자라게 하소서."

"복음을 전하며 사람들을 살리는 주님의 도구가 되게 하소서. 저처럼 고난의 길이 아닌 축복의 길로 걸어가게 하소서."

욕심일 수 있다. 그러나 매일같이 이 기도를 한다.

"엘림아, 넌 사랑받기 위해 태어났고 하나님의 뜻 가운데 자라날 거야. 작은 아빠는 너를 믿는다. 그리고 너를 너무 사랑한단다."

"내가 너를 모태에 짓기 전에 너를 알았고, 네가 배에서 나오기 전에 너를 성별 하였고 너를 여러 나라의 선지자로 세웠노라 하시기로." (예레미야 1:5)

100일이 되기 전 육아에 지친 나에게 많은 분들이 100일을 넘기면 아기가 통잠을 잔다고 그때까지만 고생하면 된다고 했다. 내 몸이 지치고 나도 모르게 멍해지고 있고 체력이 바닥 나고 있다. 그날이 과연 올지 나는 믿어지지도 않았고 귀에 들리지도 않았다. 아이를 키우는게 이렇게 힘든 일인지 정말 몰랐다.

옛말에 "밭에 나가서 일을 할래? 애를 볼래?라고 물어보면 다들 밭에 나가서 일을 한다고 한단다." 그말이 실감이 났다. 하지만 기적처럼 엘림이가 100일이 지나고 통잠을 자기 시작했다.

나의 체력과 정신력이 바닥을 쳤을 때 찾아온 기적, 하나님은 견딜 수 있는 고통만 주신다고 하더니 나의 체력이 완전 바닥이 난 상태에서 찾아온 기적이다. 할렐루야! 하나님 감사합니다. 엘림아 고맙다. 넌 효녀다.

제10장

엘림이는
하나님의 응답이며,
은혜의 증거입니다

나는 참 많은 생명을 보듬으며 살아왔다.

죽어가는 노숙자, 고통 속의 출소자, 절망의 감옥에서 눈물 흘리는 재소자들...

하지만 그 어떤 시간 보다도 가장 떨리는 생명의 순간은 '엘림이'를 마주했던 그날이었다.

엘림이에게 위기도 있었다.

엘림이는 원아집에서 청색증과 심정지 상태로 쓰러졌다. 급하게 소아과로 구급차를 불렀고 현장에서 응급처치를 받은 뒤 서울아산병원으로 이송되었다.

그곳에서 받은 소견은 "수두증과 심장에 구멍이 있다"는 진단이었다.

나는 믿기지 않았다. 온몸이 무너지는 것 같았다. 그리고 곧바로 교회와 교도소tv 구독자들, 모든 성도님들께 중보기도를 요청했다.
기도 외에는 아무것도 할 수 없었다.

"하나님, 제발... 이 아이를 살려 주십시오. 엘림이는 하나님이 주신 생명입니다. 지금 이 아이가 잘못되면 안 됩니다."

하지만 그날 아산병원에는 병실이 없었다. 우리는 또다시 구급차에 실려 서울대학병원으로 전원 되었다. 나는 구급차 안에서 기도하며 울었다.

응급실에서는 의사들이 분주하게 뛰었다. 내 마음은 이미 찢겨져 있었고 그저 기도만 할 뿐이었다.

다음날, 서울대학병원의 의사들이 나를 불러 물었다.

"정말로 청색증과 심정지가 확실히 있었던 게 맞습니까?"

나는 대답했다.
"그 자리에서 본 의사들이 있고, 응급기록도 있고, 아산병원에서 그렇게 진단하셨습니다."

그런데... 의사들의 말에 나는 할 말을 잃었다.

"아이가 정상입니다. 몸에 수두증의 흔적도, 심정지의 손상도 없습니다. 완전히 정상입니다. 어제의 상태와 오늘의 몸은 전혀 다른 아이입니다."

나는 그 자리에서 무릎을 꿇고 하나님께 기도했다.

"주님… 감사합니다. 우리 엘림이를 지켜 주셔서 감사합니다. 기도에 응답해 주셔서 감사합니다. 제게 또 한 번 기적을 보여주셔서 감사합니다."

엘림이는 기적적으로 살아났다. 아니, 하나님께서 엘림이를 다시 살리셨다.

"나는 너희를 치료하는 여호와임이라." (출애굽기 15:26)

그날 이후 나는 매일 엘림이를 품에 안을 때마다 하나님의 응답을 안고 있다는 사실에 가슴이 뛴다.

엘림이는 단지 한 아이가 아니다. 이 아이는 하나님의 선물이자 이 시대에 보내 주신 '기적의 증거'이다.

나는 이제 믿는다. 이 책에 담긴 모든 고난과 수치와 억울함의 이야기들은 결국 이 한 생명을 품기 위한 여정이었다는 것을.

서울역에서, 교도소에서, 거리에서 수많은 영혼들과 울던 내가 이제는 하나님의 가장 순결한 기적을 안고 살아간다.

　엘림이라는 이름은 '회복의 장소'를 뜻한다.
　그리고 나의 삶은 엘림이라는 기적에서 다시 시작되었다.

제11장

복음의 뿌리를 내리다

"복음은 거리에서 시작되었고, 이제는 세상 끝까지 뻗어나가고 있다."

엘림이의 탄생은 내 인생의 전환점이 되었고 엘림이를 품으면서 나는 복음을 더 진실하고 뜨겁게 전하고 싶다는 마음이 들었다. 하지만 나의 뜻과는 별개로 이미 하나님은 또 다른 방식으로 나의 사역을 확장하고 계셨다. 그 중심에 있었던 것은 바로 유튜브였다.

코로나 시기에 '교도소tv'와 '서울역이목사'라는 이름으로 시작된 유튜브 채널은 처음엔 단순한 기록의 도구였다. 내가 노숙인들과 함께 찬양하고, 밥을 나누고, 복음을 전하는 현장을 남기고자 시작한 것이었다. 거리에서의 진솔한 예배, 싸우다 울고, 울다 회개하던 그 밤들을 영상에 담아 사람들에게 알리고 후원을 받아서 함께 사사분들과 서울역 노숙자분들 그리고 교도소의 재소자들에게 도움을 주었다.

그렇게 시작한 유튜브 영상들은 단순한 기록을 넘어 수많은 이들의 가슴에 복음의 씨앗을 뿌리는 통로가 되었다.

어느 날부터인가 영상마다 댓글이 달리기 시작했다. 눈물과 고백, 회개와 결단의 이야기들.

"목사님 영상 보며 울었습니다. 저도 교도소 다녀왔지만 다시 살아보고 싶어졌어요."

"저희 아버지가 노숙 중인데, 목사님 영상 보고 복음을 알게 되었어요."

"죽으려고 하다가 목사님 방송을 보고 다시 살기로 결심했습니다."

"목사님, 아픈 몸이 회복되고 우울증이 사라졌어요. 이제는 교회에 나가고 있어요."

복음은 카메라 앞에서도 살아 있었다. 그 영상들을 통해 하나님은 보이지 않는 손으로 사람들을 만지고 계셨다.

어떤 분은 성경 필사를 두 번이나 마치고 교회에 출석하게 되었고 지금은 집사로 섬기고 있다. 또 어떤 분은 과거 노숙 생활을 했던 형제였는데 내가 나눠주던 치킨을 기억하며 배달일을 하던 중 커피를 사 들고 나를 찾아와 이렇게 말했다.

"목사님, 그때 정말 감사했어요. 저도 이제 열심히 살아보려고요. 그리고 교회에 나가기로 했습니다."

제11장 복음의 뿌리를 내리다

술에 취해 길거리에서 방황하던 또 다른 형제는 이렇게 말했다.

"목사님 영상 보고, 누군가 날 찾을지도 모른다는 생각이 들었어요."

놀랍게도 그 형제는 영상 이후 가족과 연락이 닿았고 지금은 작은 일터에서 정직하게 일하며 자립을 준비하고 있다.

이 모든 이야기는 단순한 콘텐츠가 아니다. 복음의 현장이자, 하나님의 살아계심이 드러나는 증거들이었다. 거리에서 외친 복음은 카메라를 통해 가정으로, 병실로, 감옥 안으로까지 흘러갔다. 복음은 길 위에서 시작되었지만, 이제는 세상 끝까지 뻗어가고 있었다.

"그러므로 너희는 가서 모든 민족을 제자로 삼아 아버지와 아들과 성령의 이름으로 세례를 베풀고, 내가 너희에게 분부한 모든 것을 가르쳐 지키게 하라." (마태복음 28:19-20)

그 말씀처럼, 복음은 이제 '가는 자의 입'만이 아니라 '보는 자의 눈'과 '듣는 자의 귀'를 통해 증거되고 있다. 그리고 나는 오늘도 영상 하나를 업로드하며 이렇게 기도한다.

"하나님, 이 영상이 또 한 사람의 생명을 살리는 도구가 되게 하소서."

이제 복음은 단지 강대상 위의 설교로만 전파되지 않는다. 복음은 길 위에서, 밥을 나누는 손끝에서, 그리고 핸드폰 화면 속에서도 살아 움직이고 있다.

나는 오늘도, 복음의 뿌리를 내리고 있다. 서울역에서, 카메라 앞에서, 엘림이의 눈동자 속에서, 그리고 세상의 수많은 고통받는 이들의 마음 속에서.

그 뿌리는 보이지 않지만, 반드시 열매를 맺을 것이다.

"하나님, 이 복음이 계속해서 누군가의 절망을 뚫고 들어가게 하소서. 그리고 나도 끝까지 그 길을 걷게 하소서."

유튜브 방송이 없었다면 나는 그 많은 노숙자들과 교도소의 재소자와 출소자들을 돕지 못했을 것이다.

하나님께서는 나의 모든 일에 함께하셨다.

제12장
사랑은
기다림이다

"사랑은 오래 참고, 사랑은 온유하며 시기하지 아니하며..." (고린도전서 13:4)

이 사역을 하며 가장 많이 배운 단어가 있다면 '기다림'이다. 사랑은 결국 기다림이고 복음은 기다림 위에서 피어난다. 내가 품었던 어떤 형제는 내 옆에서 몇 년을 살며 변한 척했지만 결국 다시 무너졌다. 그런데도 내가 그 형제를 향해 끝까지 한 일은 단 하나였다. 기다림.

기다려 주는 일은 말처럼 쉬운 일이 아니었다. 오히려 이 사역을 하며 가장 고통스럽고 인내가 필요한 부분이었다. 너무나도 바꾸고 싶은 마음이 들 때에도 너무 조급해지고 있을 때에도 나는 무릎을 꿇고 기도하며 다시 기다리는 법을 배워야 했다.

복음이 심기길 간절히 바라면서도 기다려야 했다. 복음은 강제로 주입되는 것이 아니라 스스로 뿌리를 내리고 꽃 피워야 하는 생명이기 때문이다.

그리고 나는 이 기다림에 익숙해지지 않으면 이 사역은 할 수 없다는 사실을 절절히 깨닫는다.

왜냐하면 하나님께서도 나를 그렇게 기다리셨기 때문이다.

내가 복음을 알고도 외면하며 세상에 빠져 살았던 수십 년. 주님은 단 한 번도 나를 놓지 않으셨다. 멀리 도망쳤을 때에도 무너졌을 때에도 주님은 한결같은 사랑으로 나를 기다리셨다.

"여호와께서 기다리시나니 이는 너희에게 은혜를 베풀려 하심이요." (이사야 30:18)

그래서 나도 그 사랑을 배워야 한다. 완벽한 사랑이 아니라 끝까지 기다리는 사랑.

하지만 사람이다 보니 상처를 받는다. 어느 형제는 내가 몇 년간 최선을 다해 도왔고 진심으로 아껴 줬던 이였다. 열심히 일한 돈을 맡기기도 했는데, 누군가의 이간질 한마디에 마음이 돌아서서 나에게 욕설을 퍼붓고 그 돈을 가지고 며칠 만에 술로 다 탕진해 버렸다.

그가 돌아왔을 때 나는 겉으로는 괜찮다고 했지만 마음은 찢어질 듯 아팠다. 미워하고 싶지 않았다. 나의 사랑은 그런 조건적 사랑이 아니라고 믿고 싶었다. 그래서 기도했다. 그리고 더 많이 기도했다.

"하나님, 제가 이 형제님을 미워하지 않게 해 주십시오. 이 마음에 주님의 마음을 부어 주십시오."

"그러므로 너희는 하나님이 택하사 거룩하고 사랑받는 자처럼 긍휼과 자비와 겸손과 온유와 오래 참음을 옷 입고 누가 누구에게 불만이 있거든 서로 용납하여 피차 용서하되 주께서 너희를 용서하신 것 같이 너희도 그리하고 이 모든 것 위에 사랑을 더하라 이는 온전하게 매는 띠니라." (골로새서 3:12-14)

그 말씀처럼 기다림은 사랑의 또 다른 이름이다. 포기하고 싶을 때 내 마음속에서 무너져 내릴 때 나는 다시 주님의 기다림을 떠올린다. 나를 위해 끝까지 기다리신 그 사랑.

복음은 하루아침에 변화시키는 마법이 아니다. 복음은 자라는 씨앗이다. 그리고 씨앗은 물을 주고, 빛을 쬐고, 긴 시간 땅속에서 눈에 보이지 않게 자란다. 내가 하는 일은 기다리는 일이다. 사랑하면서 기다리는 것.

그래서 나는 오늘도 또 다른 형제를 기다리고 있다. 다시 무너질지라도, 다시 상처받을지라도 나의 사랑은 다시 시작된다.

왜냐하면 주님도 오늘 이 순간 나를 여전히 기다리고 계시기 때문이다.

제13장
끝까지
사랑하라

"하나님은 내게 물으셨다. 너는 끝까지 사랑할 수 있느냐?"

이 책의 앞장을 써내려 오면서 나는 수없이 무너지고, 속고, 배신당했던 이야기들을 고백해왔다.

그러나 정작 적지 않은 이야기들이 더 많다. 진심을 다해 사랑했음에도 불구하고 단돈 몇만 원에 나를 팔아버리는 사람들. 결혼까지 도와주고 주례까지 서 준 사람을 그리고 몇 년을 곁에서 돌보았건만 단 15만 원 앞에서 피도 눈물도 없이 등을 돌리는 사람들. 나는 그들이 미워지기보다 그들을 사랑하는 마음을 나에게 주신 하나님 앞에 눈물이 났다.

"왜 하나님은 이런 사랑을 제게 주셨나요?"

복음은 단순한 성공의 스토리가 아니다. 복음은 오히려 끝없이 실패하고도 다시 일어서는 부르심의 여정이다. 넘어지고, 상처 입고, 피 흘리며, 다시 손 내미는 그 걸음 하나하나에 하나님의 사랑이 묻어 있다.

사람들은 내게 종종 묻는다.

"목사님, 어떻게 그런 사람들을 다시 사랑할 수 있었어요?" "왜 참으세요?" "고소하세요." "다시는 받아 주지 마세요." "이젠 버려야죠."

이 말들은 인간적으로는 너무나도 당연하고 현실적인 조언들이다. 하지만 나는 늘 조용히 대답한다.

"하나님이 나를 먼저 그렇게 사랑해 주셨으니까요."

나는 그 사랑에 빚진 사람이다. 나를 기다려 주시고, 수없이 실수하고 돌아섰던 나를 포기하지 않으셨던 하나님의 크신 사랑. 그 사랑을 나도 누군가에게 전하고 싶었다. 그게 전부였다.

그러나 나도 사람이다. 하나님의 종이라 해도, 인간적인 감정은 숨길 수 없다. 가끔은 지치고, 배신감에 무너지고, 사람을 보는 것이 싫고, 사랑하지 못하는 내 자신이 더 밉다.

나는 완벽하게 사랑하지 못한다. 단지 사랑하려 애쓰고 있을 뿐이다. 때로는 깊은 상처 앞에서 분노하고, 슬퍼하고, 마음이 닫히기도 한다. 그러나 단 하나, 나는 결단했다.

포기하지 않겠다.

"우리가 아직 죄인 되었을 때에 그리스도께서 우리를 위하여 죽으심으로 하나님께서 우리에 대한 자기의 사랑을 확증하셨느니라."
(로마서 5:8)

하나님은 어떤 상황에서도 나를 포기하지 않으셨다. 내가 아무리 더럽고 추했을 때에도 그분은 나를 끝까지 사랑하셨다. 나 또한 그 사랑을 흘려보내는 자로 살아가고 싶다.

사랑은 감정만이 아니다. 사랑은 선택이고, 인내이고, 결단이다. 복음은 화려한 성공이 아니라, 매일의 작은 포기와 작은 헌신 속에 피어나는 생명이다.

얼마나 오래 참을 수 있는가. 얼마나 더 사랑을 선택할 수 있는가. 얼마나 더 나를 낮출 수 있는가.

그 질문 속에서 나는 밤을 새운다.

나도 힘들다. 하나님의 사랑은 너무 커서 오히려 감당이 되지 않는다. 그런데도 나는 그 사랑을 향해 걷는다. 확신도 없고 명확한 응답도 없지만 그저 주님이 주신 마음 하나 붙들고 걷는다.

"주님, 지금도 저를 사랑하시나요?" "이 길이 맞는 걸까요?"

밤마다 울며 기도한다. 때로는 대답 없는 하나님 앞에서 낙심하지만 그 속에서도 작은 위로가 밀려온다. 성경을 펼치면 그 말씀이 나를 껴안는다.

"내가 너를 구속하였고 너를 지명하여 불렀나니 너는 내 것이라."
(이사야 43:1)

나는 그 말씀 한 줄에 오늘도 버티며 살아간다. 사랑은 끝까지 가야 진짜다. 복음은 끝까지 품을 때 그 진가가 드러난다. 나의 사랑이 부족하고 상처투성이일지라도 나는 오늘도 이렇게 고백한다.

"하나님, 저는 끝까지 사랑하고 싶습니다. 사랑하는 법을 배우고 싶습니다. 주님의 십자가를 따라 살고 싶습니다."

그리고 나는 다시 또 한 사람의 손을 잡는다.

제14장

물에 빠진 사람을 구해주니 보따리 내놓으란다

정말 다 죽어가는 사람처럼 보였다.

서울역에서 노숙하던 그는 같은 노숙인을 폭행한 혐의로 교도소에 갔다가 출소하자마자 내게 찾아와 "목사님, 같이 살고 싶습니다"라고 했다. 나는 외면하지 못했다. 많은 사람들이 "그 사람만큼은 안 된다"고 말렸지만 나는 그를 받아들였다. 함께 살고, 먹고, 기도하며 지냈다. 처음 몇 달 동안 그는 놀라울 정도로 착실했다. 하지만 모든 것이 뒤바뀌는 데 오래 걸리지 않았다.

너무 사소한 것을 이유로 그는 내게 등을 돌렸다. 같이 찍힌 유튜브 영상과 봉사 활동을 빌미로 "노동을 했으니 돈을 달라"며 노동청에 신고를 했고 나중에는 유튜브 생방송에서 나에게 살해 협박을 하기에 이르렀다.

결국 그는 다시 교도소에 수감되었고 그 안에서 나에게 용서를 구했다.

나는 그를 용서했고 고소를 취하해 주었다. 마음으로는 쉽지 않은 결정이었다. 그가 내게 안긴 상처는 깊고 선명했다.

한때는 밤을 새우며 눈물로 기도했던 형제였다. 그러나 내가 받은 것은 배신과 모욕, 그리고 고통뿐이었다. 그날 밤 나는 무너진 마음으로 하나님께 물었다.

"하나님, 왜 이런 사람을 제게 보내셨습니까?"

하나님은 대답하시지 않았다. 대신 말씀이 내 안에 속삭이듯 떠올랐다.

"선을 행함으로 고난을 받고 참으면 이는 하나님 앞에 아름다우니라." (베드로전서 2:20)

세상이 왜 이토록 악할까? 왜 사람은 믿을 수 없는 존재가 되었을까? 나는 믿었다. 그래서 상처를 받았다. 믿음은 기대가 되고 기대는 무너졌을 때 절망이 된다.

하지만 그가 다시 찾아와 용서를 구했을 때 나는 마음 깊이 깨달았다. 사람은 믿어야 할 대상이 아니라 사랑해야 할 대상이라는 것을.

믿었기에 아팠고 사랑했기에 상처가 컸다. 하지만 그것이 인간이라는 사실도 받아들여야 했다. 사람은 늘 실망을 안겨 주지만 하나님은 언제나 신실하셨다.

"너희는 인생을 의지하지 말라 그의 호흡은 코에 있나니 셈할 가치가 어디 있느냐." (이사야 2:22)

나는 이제 이렇게 기도한다.

"하나님, 저는 사람을 믿고 싶습니다. 그러나 더 이상 기대하며 아프기보다 사랑하며 품을 수 있는 마음을 주소서. 믿음의 방향을 사람에게 두지 않고 하나님께만 두게 하소서."

살면서 우리는 또 상처받을 것이다. 또 믿게 되고 또 배신당할지도 모른다. 그러나 그 안에서도 하나님은 나를 가르치신다. 사람을 의지하지 말고 사람을 미워하지 말고 오직 사랑하라고.

우리는 사람이기에 넘어지고 사람이기에 또 일어설 수 있다.

그를 향한 내 마지막 기도는 이랬다.

"하나님, 그 형제가 진심으로 회개하길 원합니다. 그리고 또다시 저와 같은 사람을 만나, 다시 한번 품어 주는 사랑을 경험하게 해 주세요."

나는 완벽하지 않지만 다시 사랑할 준비를 한다. 다시 받아들일 수 있도록 왜냐하면 내가 주님께 매일 그렇게 용서받고 있기 때문이다.

"일곱 번을 일흔 번까지라도 할지니라." (마태복음 18:22)

제15장

사랑은
무릎으로 한다

사역이 끝나고 돌아오면 나는 무릎을 꿇었다.

말로 설득할 수 없었던 상황, 행동으로도 해결되지 않았던 현실. 그 모든 것 앞에서 나는 오직 기도밖에 할 수 없었다. 사랑은 기도로 완성된다.

나는 이름을 불렀다.

오늘도 거리에 있을 형제들, 병상에 누운 자매들, 그리고 지금 내 품에 안긴 엘림이까지.

나는 그들을 위해 기도한다.

배신의 상처는 깊다.

"목사님, 사랑합니다" 하던 이가 돌아서서 유튜브에 내 험담을 늘어놓고 나를 믿겠다고 하던 이가 술에 취해 내 사역을 모욕할 때, 그때마다 나는 무너졌다.

그러나 그 무너진 마음을 안고 하나님께 나아갈 때 나는 다시 살아났다.

"상처는 사람에게 받았지만, 위로는 하나님께 받았다."

어느 날 너무 힘들어 기도조차 하기 어려웠을 때 하나님께 엎드려 울부짖었다.

"주님, 저는 어찌해야 하나요? 왜 이 사람들은 끝이 없습니까?"

그때 마음에 말씀 하나가 깊이 박혔다.

"의인은 일곱 번 넘어질지라도 다시 일어나려니와…" (잠언 24:16)

나는 일곱 번이 아니라 일흔 번을 넘게 넘어졌지만 그때마다 하나님은 나를 일으키셨다.

어느 형제가 나를 배신하고, 돈을 훔치고, 욕을 하고 떠났을 때, 내 마음은 또 갈기갈기 찢어졌다.

그런데 이상하게도 그 순간 가장 먼저 떠오른 건 미움이 아니라 '기도'였다.

나는 다시 무릎을 꿇었다.

"주님, 이 형제를 절대 포기하지 말아 주세요. 그가 나를 잊어도 주님은 기억해 주세요.

"사랑은 그런 것이다. 사랑은 감정이 아니라 그가 나를 떠났어도 그의 이름을 하나님의 보좌 앞에 올리는 일. 그것이 목사인 나의 사랑이었다. 그것이 예수님의 사랑이기도 했다.

나는 매일 기도한다.

내가 사랑하려 애썼던 사람들 내가 포기하지 않으려 했던 그 사람들 그들이 돌아오든 돌아오지 않든 나는 오늘도 그 이름을 불러 기도한다.

그리고 믿는다.

"기도는 사라지지 않는다. 하나님의 시간에 반드시 열매 맺는다."

오늘도 또 한 번 무릎 꿇는다. 아무도 듣지 못할 이름을 부르며 하나님만이 들으실 그 간절함으로 나는 또 사랑을 시작한다.

제16장

엘림이를 위한
약속

2024년 12월 12일, 고려대학교 병원 신생아실에서 처음 만난 엘림이는 이제 백일을 넘긴 갓난아기. 그러나 그 아이가 내 가슴에 안긴 순간부터, 나는 단지 양육자가 아닌 '믿음의 아버지'가 되기로 결심했다.

나는 지금 이 자리에서 하나님 앞에 엄숙히 서약합니다.

"주님, 제가 이 아이 엘림이를 주님 앞에서 믿음으로, 눈물로, 기도로 키우겠습니다. 이 아이가 성인이 되는 그날까지 단 한 순간도 책임을 외면하지 않겠습니다."

엘림이는 고귀한 사명의 아이라는 걸 매일 나에게 주입시켰다. 사랑으로 낳았고, 눈물로 품었고, 하나님의 뜻으로 내게 보내졌다는 걸 나는 하나님께 매일 기도하며 내 자신에게도 말을 해 주었다.

이 아이가 하나님 안에서 건강하게 자라도록, 믿음의 길을 걷도록, 누구보다 치열하게 기도하며 살아가자.

엘림이의 친부모는 정신적 장애를 가지고 있지만 나는 그들을 정죄하지 않는다. 도리어 하나님께 기도한다.

"주님, 이 부모님이 언젠가 회복되어 엘림이 곁에서 부모로서의 사랑을 나눌 수 있게 해 주십시오."

그들이 엘림이를 안고 함께 정상적인 삶을 살아갈 수 있도록 해 달라고 매일 기도한다.

"엘림이의 인생에서 '버림'이 아니라 '회복'의 가족 이야기가 되게 하소서."

나는 매일 엘림이를 안고 기도한다. 작은 손을 잡고 이마를 쓰다듬으며 기도한다.

"하나님, 이 아이의 몸과 마음속에 악한 것이 단 하나도 침투하지 못하게 막아 주십시오. 주님의 빛으로 이 아이를 덮어 주십시오. 엘림이의 숨결, 심장, 뇌, 생각, 감정. 모든 것이 오직 성령 안에서 보호받게 하시옵소서."

지금 엘림이는 갓난아기로서 혼자 설 수도 없고 말을 할 수도 없다. 그러나 이 아이는 이미 수많은 이들의 사랑을 먹고 자라고 있다. 유튜브 채널 '교도소tv'와 서울역이목사tv를 통해 엘림이를 향한 사랑이 모이고 있다.

어느덧 유튜브 구독자는 10만 명을 넘었고 그들의 기도와 후원, 댓글 하나하나가 엘림이를 지켜 주는 따뜻한 담요가 되고 있다.

"하나님, 이 10만 명의 사랑이 엘림이의 생명이 되게 하소서. 이 아이가 자라서 그 사랑을 복음으로 돌려주는 목회자가 되게 하소서."

나는 엘림이를 목회자로 키우고 싶다. 억지로 신학교를 가게 하겠다는 말이 아니다. 이 아이의 삶 전체가 복음이 되게 하고 싶다. 자기가 누구에게서 태어났든 어떤 과거가 있었든 상관없이 주님의 사랑 안에서 태어난 존재로 살게 하고 싶다.

엘림이의 눈을 보며 나는 매일 기도한다.

"엘림아, 넌 사랑받기 위해 태어났고 하나님의 기적으로 이 땅에 왔단다. 너는 내가 다시 일어설 수 있게 해 준 존재이고 세상이 버릴 수 없는 하나님의 소중한 아이야. 너는 반드시 하나님의 종이 되어 작은아빠보다 더 크고 깊은 복음을 전할 거야."

엘림이를 향한 나의 기다림은 20년이 걸려도 30년이 걸려도 멈추지 않을 것이다.

"여호와가 너를 항상 인도하여 메마른 곳에서도 네 영혼을 만족하게 하며 네 뼈를 견고하게 하리니 너는 물 댄 동산 같겠고 물이 끊어지지 아니하는 샘 같을 것이라." (이사야 58:11)

엘림이는 그런 존재가 될 것이다.

하나님이 인도하시는 물 댄 동산 끊어지지 않는 복음의 샘. 그리고 나는 그 시작점에 있는 엘림이의 작은아버지라는 것에 감사하다.

제17장

조현병

서울역 노숙인 사역을 시작하고 수많은 인생을 만났지만 그중에서도 조현병을 앓고 있는 사람들은 늘 특별한 무게로 내 마음에 남았다.

지나가는 사람들에게 욕을 하고 방방 뛰며 소리를 지르고 다음 날은 천사를 봤다고 이야기하고 그다음 날은 사람들을 의심하며 칼을 숨기기도 한다.
눈동자엔 두려움과 증오, 동시에 외로움이 섞여 있었다.

처음엔 이해할 수 없었다.
왜 저렇게 행동하지? 왜 가만히 있질 못하지? 왜 그렇게 쉽게 분노하지?
하지만 시간이 지나면서 알게 되었다.
그들은 싸우고 있었다. 보이지 않는 어둠과, 머릿속의 소음과, 홀로 남겨진 고통과.

그런데 그 조현병이라는 무서운 병이 우리 엘림이의 생모 수지 씨에게도 있었다.

나는 몰랐다.
엘림이를 맡으면서 처음엔 그저 정신병이 있는 불쌍한 사람이라고 생각했다.

하지만 곧 알게 되었다. 그녀는 조현병, 간질, 우울증등 그 모든 고통을 안고 있었다.

세 개의 병이 한 몸에 들어와 사랑조차 감당하기 힘든 상태였다.

그녀는 자주 가출했다. 정확한 이유도 없다. 아무 이유도 없이 아무 말 없이 사라진다.

첫 번째 가출은 대구였다. 나는 엘림이 아빠와 함께 대구로 내려갔다.

대구 경찰서에서 수지 씨를 보호하고 있다는 전화를 받고 나는 조용히 운전대를 붙잡고 있었다. 라이브 방송 중, 시청자들은 말이 많았다.

"아니, 애를 두고 가출한 엄마라니 말이 됩니까?"
"애기 불쌍해서 어떡해요."
"목사님, 저런 사람은 도우면 안 됩니다."

하지만 나는 알았다. 그녀는 악인이 아니었다. 병든 영혼이었다.
세상의 질타는 그 사람의 내면을 보지 못했다. 그녀의 눈은 도와 달라고 이해해 달라고 "제발 나를 버리지 말아 달라"고 외치고 있었다.

내가 겪고 있는 삶은 예측 불가능한 전장이다. 하루는 평온했다가도 어느 날은 침대 밑에서 칼이 나오기도 하고 그릇이 깨지고 비명소리가 들리고 갑자기 경찰이 출동하는 날도 있었다.

무서웠다. 그러나 더 무서운 것은 이 고통을 그녀 혼자 감당해야 한다는 사실이었다.

그리고 무엇보다, 엘림이. 그 아이는 지금도 맑은 눈으로 세상에서 가장 사랑받고 싶은 눈빛으로 나를 바라본다. 그 아이의 삶을 위해서라도 수지 씨는 회복돼야 한다.
엘림이는 엄마의 따뜻한 품이 필요하다. 엄마의 사랑을 두려움 없이 느낄 수 있어야 한다.
그래서 나는 매일같이 기도한다.

"하나님, 수지 씨를 회복시켜 주세요. 그녀의 마음을 만져 주시고 그녀의 뇌 속에 평강을 허락하시옵소서. 그녀가 약을 거르지 않게 하시고 다시 가출하지 않게 하시고 스스로를 사랑하게 해 주세요."

나는 주님의 말씀을 붙잡는다.

"수고하고 무거운 짐 진 자들아 다 내게로 오라 내가 너희를 쉬게

하리라" (마태복음 11:28)

    수지 씨는 무거운 짐을 지고 있다.
    세상이 이해하지 못하는 짐, 조현병이라는 짐, 간질이라는 고통, 우울이라는 그늘. 하지만 그 짐을 대신 져 주실 분이 계신다.
    나는 믿는다. 주님은 병든 자를 버리지 않으신다. 그리고 어쩌면 나를 그 곁에 보내신 이유는 그녀에게 주님의 손이 되어 주라는 명령일지도 모른다.

    사역이라는 말은 거창하지만 지금 내게 주어진 사역은 조현병 환자의 손을 붙잡고 함께 울어 주는 것. 그리고 그 딸, 엘림이의 눈물을 닦아 주는 것. 지금 나는 두 생명을 품고 있다. 그리고 그 품 안에 하나님의 뜻이 자라고 있다.

제18장

허기진 영혼
- 수지 씨의 폭식과 눈물

밤 12시를 넘기면 조용해지는 교회. 다들 하루를 정리하고 고요해지는 그 시간 책을 보다 '바스락'거리는 소리에 거실로 나가본다.

엘림이 엄마 수지 씨가 또 깨어났다. 조용히 아주 조용히 냉장고를 연다. 그리고 그 속에 있는 것들을 죄다 꺼낸다. 차가운 국, 고기반찬, 남겨둔 반찬, 심지어 내가 먹다가 넣어놓은 요구르트까지... 그녀는 앉은 채로 조용히 그러나 정신없이 먹는다.

조현병, 간질, 우울증, 그것만으로도 벅찬데. 그 모든 약들의 부작용 중 하나가 바로 '폭식'이었다.

약물은 뇌를 진정시키지만 그와 동시에 '통제력'이라는 단어를 마비시킨다.

의사 선생님께 말씀드렸다.
"선생님, 아무리 말려도 폭식을 멈추지 못합니다. 야식도 끊임없이 시켜 먹고 수급비가 나오면 전부 다 음식에 써버립니다. 어떻게 해야 합니까?"

의사 선생님은 고개를 저으며 말했다.
"이미 폭식 억제제를 넣었습니다. 그런데... 조현병이 심한 경우엔

약으로도 안 되는 경우가 많습니다. 안타깝지만 지켜보는 수밖에 없습니다."

지켜보는 수밖에 없다.

그 말이 너무나 무력하게 들렸다.
그녀의 키는 연골 무형성증으로 인해 아동만 하다. 그러나 몸무게는 계속해서 불어난다.
허리와 무릎은 이미 비명을 지르고 있고 한 계단만 올라가도 숨이 차서 주저앉는다. 아무리 건강을 걱정하며 말려도 그녀의 식욕은 멈출 줄을 모른다. 밤이면 10인분이 넘는 치킨, 피자, 햄버거, 족발이 한꺼번에 도착하고 그녀는 기쁨 가득한 표정으로 그걸 하나씩 해치운다.

그리고 다음날 아침, 화장실에서 한참을 앓는다. 설사, 구토, 온몸의 탈진. 그럼에도 다시 약을 먹고, 또 먹는다.

"왜 이렇게까지 먹어요?"
한 번은 조심스레 물었다. 그녀는 눈을 피하며 말했다.
"그냥... 뭔가가 비어 있어요. 입으로 뭔가가 들어가지 않으면 너무 불안해요. 먹을 때만 좀 살아 있는 것 같아요 제정신으로 먹는 게 아니에요."

그 말을 듣고 나는 아무 말도 할 수 없었다.
내가 어찌 그 허기의 깊이를 이해할 수 있을까.
그녀는 지금 음식이 아니라 사랑과 평안 인정과 이해를 삼키고 있었던 것이다.

정신의 균형이 무너지면 자기 자신을 돌보는 감각도 무너진다. 그런데 그 상태에서 엄마라는 역할까지 감당하려 하니 수지 씨는 매일 영혼과 육체의 소진 상태에서 허우적대고 있었다.

나는 아무리 설득해도 음식을 숨겨두어도 야식 어플을 지워도 그녀는 어떻게든 먹는다.

그리고 먹고 나서 스스로를 질책한다.
"내가 왜 또 이랬을까... 목사님 죄송해요."
"엘림이 앞에서 또 이런 꼴 보여주고... 나 진짜 미쳤나 봐요."

나는 대답하지 못한다. 그녀는 죄인이 아니라 환자다. 그녀는 탐식가가 아니라 고통 중인 영혼이다. 그래서 나는 날마다 엘림이만을 위해서가 아니라 수지 씨를 위해 더 깊이 기도하게 된다.

"여호와는 마음이 상한 자를 가까이하시고, 충심으로 통회하는 자를 구원하시는도다." (시편 34편 18절)

수지 씨는 마음이 상한 자다. 부서진 기억, 흩어진 인격, 흔들리는 정체성... 그러나 나는 믿는다. 주님은 이런 자를 절대로 외면하지 않으신다.

냉장고는 비어가지만 나의 기도는 날마다 채워진다.

"주님, 수지 씨를 회복시켜 주시옵소서. 허기진 몸과 허기진 마음을 하나님의 사랑으로 채워 주시옵소서. 이 무너진 감정의 도시 속에 회복의 성을 다시 세워 주옵소서."

나는 아직도 답을 모르겠다.
하지만 포기하지 않는 사람에게 하나님은 반드시 길을 주신다는 것 그 한 가지 믿음으로 오늘도 냉장고 앞에서 나는 기도하며 그녀를 지킨다. 수지야 제발 내 요구르트는 먹지 마라.

제19장
하늘에서 온 빵

"사람은 빵으로만 살 것이 아니요, 그러나 그날 우리는 빵으로 사랑을 나누었습니다."

그날도 서울역 사역이 끝나고 돌아와 지친 몸으로 기도하던 중이었다.

한 통의 전화가 걸려 왔다. 수화기 너머에서 조심스럽게 묻는 목소리.

"목사님... 혹시 저희 빵집에서 남는 빵을 노숙인 분들에게 나눠주시면 어떨까요?"

순간, 나는 고개를 들 수가 없었다. 너무 감격스러웠다. 내가 빵을 부탁한 것도 아니었고 도움을 요청한 적도 없었다.

그런데 유튜브 영상을 보신 어느 빵집 사장님께서 감동을 받으셨다는 것이었다.

나는 즉시 감사 인사를 드리고 바로 그날 직접 빵집을 찾아갔다. 문을 열자 고소한 향이 온 가게를 가득 메웠다.

그곳은 단순한 빵집이 아니었다. '빵의 명인'이 만든 빵이었고 정성으로 구워낸 그 빵 하나, 하나에는 사랑이 녹아 있었다. 그리고 그 사랑은 그날부터 매일매일 내게로, 그리고 거리의 형제들에게로 전해졌다.

빵을 받아 서울역으로 향했다. 평소보다 훨씬 더 발걸음이 가벼웠다. 그리고 나눠주었다.

처음에는 몇 명만 찾아왔다.
그러나 몇 주가 지나자 소문이 퍼졌다.

"목사님, 오늘 빵 있는 날이죠?"
"그 빵 진짜 맛있더라 명품이야."
그리하여 빵을 나누는 날이면 서울역 광장 한켠에는 긴 줄이 생기기 시작했다. 나보다 먼저 와서 기다리는 이들도 있었다. 그러다 결국엔 빵을 받기 위한 싸움과 다툼, 넘어지고, 욕하고, 우기고, 누구는 받고 누구는 못 받는 혼란의 현장이 되어버렸다.

나는 결국 "이번 주에 받으신 분은 다음 주에 양보해 주세요"라는 원칙을 정하게 되었다.

하지만 노숙인들의 배고픔 앞에 원칙이 우선이 될 수 없었다. 뻔히 아는데도 "안 받았다"고 우기며 어떻게든 한 봉지라도 더 받으려 했다.

정신이 하나도 없었다. 그러나 빵이 너무 맛있었고 무엇보다도 그 빵을 받은 형제들의 얼굴이너무 행복해 보였다. 배고픈 자에게는 한 끼가 아니라 '사랑'이었고 거절당한 사람에게는 한 봉지 빵이 아니라 '인정'이었다.

"내가 주릴 때에 너희가 먹을 것을 주었고 목마를 때에 마시게 하였고 나그네 되었을 때에 영접하였고." (마태복음 25:35)

그 빵은 하늘에서 온 빵이었다. 단순히 밀가루와 버터로 만든 것이 아니라 하나님이 감동으로 주신 공급의 증거였다. 그리고 나는 더 놀라운 감동을 받았다.

엘림이의 100일 잔치를 앞두고 있었을 때 이 빵집 사장님께서 다시 연락을 주셨다.

"목사님, 100일 잔치 장소를 정하셨나요? 저희 빵집 2층을 사용하세요. 케이크도 준비하겠습니다. 음식도 저희가 대접할게요."

나는 눈물이 났다.

엘림이는 거리에서 태어났고 서울역 노숙자 부부의 아이였고 수두증과 심장 질환으로 응급실을 전전하던 아이였지만 지금은 생명과 기적의 상징이 되었다.

그 아이의 100일을 하나님께서는 명인의 손을 통해 준비하신 빵과 따뜻한 식탁 위에서 축복하게 하셨다.

그날 엘림이의 미소와 맛있는 음식 행복해하는 형제들 그리고 "하나님, 감사합니다"라는 수많은 기도가 빵집 2층을 천국처럼 만들었다.

나는 그날 기도했다.

"하나님, 저는 아무것도 요청한 적이 없습니다. 그런데 이렇게 필요한 순간마다 사람들의 마음을 감동시켜 보내 주시니 너무 감사합니다."

사람은 빵으로만 살 것이 아니라고 했습니다.
그러나 서울역에 수많은 노숙인들은 빵으로 하나님의 사랑을 먹고 있습니다.

제20장

용주골에서
돌아온 남 집사

같이 살다가 술을 먹기 위해 가출을 일삼던 남 집사는 내가 서울역에서 술에 절어서 다 죽어 가는 걸 살리려고 다시 데려온 사람이었다.

한겨울 거친 숨소리로 쓰러져 있던 그를 부축해 쉼터로 데려오던 날이 아직도 생생하다.

그는 거의 죽어가던 몸이었다.

나는 그를 씻기고, 먹이고, 병원에 데려가고, 매일 함께 예배를 드렸다. 그렇게 그는 살아났고 나는 그를 품었다.

나는 성경책 안에 일주일 사용할 현금을 조심스레 넣어두곤 했다. 아무도 몰랐을 그 습관을 남 집사는 알고 있었다.

그리고 어느 날 내가 서울역 노숙인들에게 도시락을 전하러 간 사이 그는 내 성경책 안에 넣어둔 현금 30만 원을 훔쳤다.

그리고 용주골 창녀촌으로 향했다.

저녁이 되어 그가 사라졌다는 사실을 알게 되었을 때 나는 혹시 또 술에 취해 길거리에서 사고를 당하지 않았을까 걱정했다. 전화를 걸었다. 술에 절어 있는 목소리로 그는 말했다.

"목사님, 저... 용주골이에요."

나는 한 치의 망설임도 없이 차에 시동을 걸었다. 어둠이 짙은 밤 나는 용주골로 그를 찾아갔다.

찾아내기까지 두 시간이 넘게 걸렸다. 정신은 흐릿했고 몸은 망가져 있었고 손에는 빈 소주병이 들려 있었다.

남 집사를 찾아오면서부터 유튜브 실시간 방송을 켰다.

혹여나 그를 기억하고 기도하던 이들이 그를 보며 다시 함께 울어주길 바라는 마음에서였다. 방송이 시작되자 수많은 시청자들이 몰려들었다. 모두가 충격과 슬픔을 감추지 못했다.
그런데 그가 갑자기 큰 소리로 외쳤다.

"목사님! 제가요~ 8만원 주고 했어요! 하하하!"

그 순간 운전을 하고 있던 내 눈앞이 노래졌다.

나뿐 아니라 방송을 보던 시청자들 교회 성도님들 모두가 할 말을 잃었다.

충격은 말로 표현할 수 없었다. 나는 말문이 막혔다. 라이브 방송은 아수라장이 되었고 댓글에는 눈물, 분노, 실망이 가득했다.

다음 날 쉼터와 채널에는 항의가 빗발쳤다.

"어떻게 그런 사람을 아직도 품느냐.", "당장 내쫓아야 한다.", "목사님 사역이 무너집니다."

나는 할 말이 없었다. 끝까지 품는다는 것이 얼마나 어려운 일인지, 그럴 경우 사람들에게 얼마나 큰 오해를 살 수 있는지를 그날 뼈저리게 배웠다.

결국 나는 그를 다시 서울역으로 보냈다. 아무 말도 하지 못한 채 그를 떠나보냈다. 뒷모습을 보며 나도 모르게 눈물이 터졌다.
"하나님... 저는 도대체 뭘 어떻게 해야 합니까. 이게 제 한계입니다."

그를 보낼 때 내 가슴은 무너져 내렸다. 하나님의 눈치를 봐야 하는 목회자가 성도들에게 원망을 듣고 시청자들의 분노를 감당하지 못해 결국 사람을 떠나보낸다는 것. 그것이 얼마나 비통한 일인지 그날 처음으로 실감했다.

그런데 놀랍게도 다음 날 그는 아무 일 없다는 듯이 전화했다.

"목사님, 제가 잘못했어요. 용서해 주세요."

나는 그를 원망하는 마음보다 그 마음이 너무도 가벼워진 세상이 슬펐다. 죄의 무게를 모르는 이들의 가벼운 용서 요청이 나를 더 아프게 했다.

그러나 나는 여전히 기도했다.

"주님, 남 집사를 지켜 주십시오. 그는 아무것도 모르는 아이와 같습니다. 죄의 무게조차 가늠하지 못하는 그 영혼을 주님이 붙들어 주소서."

그를 떠나보냈지만 나는 여전히 그를 마음에 품고 기도하고 있다. 복음은 그를 아직 포기하지 않았다. 나도 아직 그를 포기하지 않았다.

그리고 나는 믿는다.

"하나님은 그 한 사람을 위해서도 다시 일하시리라."

제21장
교도소tv의 기적들

나는 약 5년간 유튜브 채널 '교도소tv'를 운영하며 수많은 기적과 눈물의 현장을 경험했다.

채널을 통해 적지 않은 후원이 들어왔고 많은 분들이 내 사역에 동참해 주셨다.

하지만 그 돈을 나는 단 한 번도 나 자신을 위해 사용하지 못했다. 아니, 사용하지 않았다.

돈이 생기면 그만큼의 필요가 생겼다. 어느 날은 병원비, 또 어느 날은 노숙자 형제들의 치과 치료비, 서울역에 나눠줄 음식들과 생필품, 사망한 노숙자의 장례비까지.

하나도 여유롭게 남아본 적은 없었지만, 늘 모든 것은 딱 맞게 채워졌다.

나는 한때 조직폭력배 부두목으로 살며 돈이 넘쳐나는 삶을 살았다. 명품, 좋은 차, 고급 술... 돈이 전부였던 시절이었다. 그러나 하나님을 영접한 이후 나는 완전히 달라졌다.

돈에 대한 집착이 사라졌다. 나 자신에게는 아무것도 쓰고 싶지 않았다.

다만, 내가 하는 '복음의 일'에는 아끼고 싶지 않았다.

나는 한국교도소 교정선교회 대표 목사로 사역하며, '교도소tv'를 통해 들어온 후원금을 교정, 선교 사역에 아낌없이 사용했다. 그중 가장 보람 있는 일이 하나 있다면 바로 '월간교도소' 발행이었다.

'월간교도소'는 재소자 간증지를 중심으로 구성된 복음 잡지다. 나는 매달 밤을 새워 원고를 받고, 편집하고, 힘들게 작업을 한 뒤 우체국에 가서 전국 교도소에 우편물로 보냈다. 전국 모든 교도소, 구치소, 교정시설에 무료로 배포하는 일에는 많은 인력과 돈이 사용됐다. 하지만 나는 돈을 아끼기 위해 누나에게 부탁을 드렸고 누나는 월간교도소 편집부터 배송까지 모든 일에 최선을 다해서 도와주셨다.

하나님의 은혜였다. 사고만 치던 막내 동생이 사람답게 살겠다고 하는데 누나는 도와주지 못할 일이 없다며 최선을 다했다. 하지만 항상 비용이 너무 부족해서 누나에게 용돈도 한번 드리지 못했다.

일부는 기독교 서점에 판매했지만 그 수익으로는 인쇄비조차 충당되지 않았다.

하지만 나는 포기하지 않았다. 수많은 재소자들이 책을 읽고 회개했고 눈물의 간증 편지가 매일같이 우체국 사서함을 가득 메웠다.

"목사님, 이 책을 읽고 처음으로 기도했습니다.", "예수님이 나 같은 죄인도 사랑하신다는 사실에 눈물이 멈추질 않았습니다.", "출소하면 저도 목사님처럼 살고 싶습니다."

그 편지들을 읽을 때마다 나는 주저앉아 울었다. 그들의 죄는 크지만 회개의 눈물은 진실했다. 세상은 그들을 '죄수'라고 부르지만 나는 그들 안에 있는 '예수님의 형상'을 보았다.
세상은 죄인을 정죄하지만 주님은 말씀하셨다.

"옥에 갇혔을 때에 와서 보았느니라." (마태복음 25:36)

나 역시 교도소에서 하나님을 만났던 사람이기에 그 마음을 외면할 수 없었다. 나는 지금도 기도한다.

"하나님, 이 간증지 하나로 또 한 명의 죄인이 무릎 꿇게 하소서. 또 한 명의 이상덕이, 복음으로 거듭나게 하소서."

나는 내가 살아온 인생을 결코 자랑하지 않는다. 하지만 그 모든 쓰러짐과 고난을 통해 하나님이 쓰시는 사람으로 다듬어졌다고 믿는다.

교도소tv는 단순한 유튜브 채널이 아니다.

그것은 복음의 통로이고, 회개의 증거이며, 기적의 도구였다.

지금도 이 채널을 통해 하나님은 일하신다. 누군가는 영상 하나로 살아나고 누군가는 영상을 통해 예배를 경험하며 누군가는 영상을 통해 인생이 바뀐다.

나는 앞으로도 이 복음의 통로를 지키고 싶다.

단 한 명이라도 주님께 돌아올 수 있다면.

그리고 그 사역의 중심에 '교도소tv'와 '월간교도소'가 있다.

그 이름이 바닥 위에 피어난 복음의 꽃이 되기를 나는 소망한다.

"주여, 교도소 안의 영혼들을 잊지 마소서. 저들이 바닥에서 부르짖을 때 복음이 저들의 손을 붙들게 하소서."

유튜브 교도소tv가 있었기에 모든 일이 가능했다.

나는 아무런 경제적 능력이 되지 못했다. 사역과 공부 그리고 매일의 삶이 나의 몸이 열 개라도 감당이 안 될 정도로 뛰어다녔고 지금까지 그렇게 몸을 아끼지 않고 사역했다. 사람을 한 번도 두려워해 본 적이 없다. 누구라도 나의 도움이 필요하다고 하면 달려갔다.

그리고 도움을 드리고 기도하며 복음을 전하고자 했다. 하지만 그런 나를 이용하는 사람들도 있었다. 알면서도 나는 그들에게 복음을 전하고 싶었다.

교도소 안에 있으면 빵 하나를 얻어먹기 위해 기독교 집회에 나오는 사람들이 있다. 하지만 그 목적뿐만 아니라 방에 있으면 시간이 안 가니 예배에 나오기도 한다. 그러다가 하나님의 말씀을 듣고 복음을 받아들이는 걸 봤다.

하나님의 말씀인 성경은 어떤 자리에서 어느 사람이든지 변화시키고 감동을 주고 그 인생을 바꾸는 기적을 탄생시킨다. 그러기에 나는 어떠한 사람도 포기하지 않는다.

제22장
사랑했지만,
보내야 했다

"나는 용서할 수 있었지만, 하나님은 떠나보내라 하셨다."

모기. 그 이름은 나의 사역에서 가장 많은 눈물과 상처를 안겨준 사람이었다. 그는 한때 나와 함께 밥을 먹고 쉼터에서 같이 웃고 울었으며 긴 시간 동안 나에게 상처도 많이 주었지만 정도 많이 들었던 사람이다. 그러나 그 뒤엔 끊이지 않는 거짓말과 음해, 배신, 욕설, 술에 찌든 파괴가 있었다.

나는 이미 너무 많은 걸 모기에게 내어주었다. 시간, 마음, 물질, 신뢰, 기도... 그러나 그는 그 모든 것을 깨어버렸다. 심지어 나를 비방하고, 욕하고, 죽이겠다며 협박까지 했던 사람.

나는 엘림이를 품에 안고 살아가고 있다. 내겐 이제 더는 모기를 받아줄 경제적 형편도, 심리적 여유도 없었다. 무엇보다도 엘림이보다도 나는 이미 이 사람에게 너무 많이 무너져 있었다.

그런데... 모기가 다시 서울역으로 돌아왔다. 그리고 나를 찾아왔다. 눈물을 흘리며 말했다.

"목사님, 제발... 한 번만 다시 받아 주세요. 저 다시는 안 그럴게요. 정말 잘 살게요. 살려만 주세요. 목사님 옆에만 있게 해 주세요."

나는 고개를 떨궜다. 그 눈물은 진짜처럼 보였고 또다시 마음이 흔들렸다.

사람들은 모두 말렸다.

"그 사람은 안 돼요. 또 그럴 겁니다."
"목사님, 이제는 선을 그으셔야 합니다."
"사람들이 다 등을 돌릴 수도 있어요."

나도 알았다. 그를 다시 받아주면 사람들은 나를 비웃고 욕할 것이 분명했다.

그러나 나는... 그럼에도 다시 안아주고 싶었다. 예수님이 나를 그렇게 안아주셨기에 세상 모두가 모기를 버려도 나만큼은 안아주고 싶었다.

나는 다시 마음을 정했다.
"그래, 하나님이 원하신다면, 내가 다시 그를 품자."

그런데... 다음날. 모기는 다시 술에 취해 있었다. 그리고 그의 입은 다시 거칠어졌다.
"너 같은 놈이 뭔데!"

"이 목사! 니가 뭔데? 씨발 나 한잔했어."
"다시 날 안 받아주면 죽여 버릴 거야!"

나는 그 자리에 서서 그를 바라보았다. 그제서야 알았다. 그의 눈은 바뀌지 않았다. 그는 여전히 나를 비방하고 나를 배신하며 나를 돈 나오는 기계로 알고 있는 그 사람이었다.

내 가슴은 또 한번 무너졌다. 그 순간, 하나님께서 내 마음에 말씀하셨다.

"사랑은 받아 주는 것만이 아니다. 때로는 보내 주는 것도, 사랑이다."

나는 며칠 동안 기도했다.
"하나님, 저 사람을 어떻게 해야 합니까? 또 속아도 받아 줘야 할까요?"
그러자 내 마음 깊은 곳에서 이 말씀이 들려왔다.

"아브라함아, 너는 이삭을 내게 바쳐라."

나는 모기를 사랑했기에 보내야 했다. 그는 하나님의 시간이 올 때까지 더 낮아져야 했고, 더 부서져야 했고, 더 철저히 회개해야 했다.

나는 지금도 기도한다.
"하나님, 언젠가 모기가 다시 진짜 회복되어 돌아올 수 있기를."

그러나 지금은 그를 놓아드리는 것이 내가 할 수 있는 가장 큰 사랑이라는 걸 이제는 안다.

"사람이 감당할 시험 밖에는 너희가 당한 것이 없나니 오직 하나님은 미쁘사 너희가 감당하지 못할 시험당함을 허락하지 아니하시고 시험당할 즈음에 또한 피할 길을 내사 너희로 능히 감당하게 하시느니라." (고린도전서 10:13)

나는 그를 용서한다. 그러나 다시 품지는 않는다. 이제는 하나님께 맡긴다.

그의 이름을 마음에 적고 그를 위해 조용히 기도하며 내 눈물을 하나님께만 보이고 나는 오늘도 또 다른 한 영혼을 품기 위해 서울역의 길을 걷는다. 그리고 모기를 위해 기도한다.

제23장

청소년,
나의 또 다른
과거를 향한 부르심

"나의 과거가 누군가의 내일을 살릴 수 있다면, 그 삶을 드리겠습니다."

나는 지금도 기억한다. 청소년 시절의 나, 상덕이.

하나님도 몰랐고 누군가 내 이름을 따뜻하게 불러준 기억도 없고 내 이야기를 진심으로 들어준 사람도 없었다.

방황이 죄라는 걸 몰랐고 죄가 상처에서 온다는 것도 몰랐다. 그리고 그 상처가 사랑받지 못한 결핍에서 비롯된 것이란 걸 너무 늦게 깨달았다.

그 시절의 나에게 한 사람만 있었더라면 내 이야기를 들어 주고 길을 막아 주고 기도해 주고 안아 주는 사람이 단 한 사람만 있었더라면 나는 조직폭력배가 되지 않았을지도 모른다.

그래서 나는 청소년 사역에 대한 꿈을 품고 있다. 요즘의 청소년 범죄는 너무도 조기에, 너무도 잔혹하게 시작되고 있다. 폭행, 마약, 갈취, 따돌림, 온라인 범죄까지… 그 속에는 공통된 한 가지가 있다.

"사랑받지 못한 상처"

"누군가가 손잡아 주지 않은 공백"

나는 누구보다 그 마음을 잘 안다. 그 찢어진 마음이 어떤 절망으로 가는지 어떤 분노로 변질되는지 몸이 먼저가 아니라 영혼이 먼저 죽어가는 과정을 나는 살아봤다.

그리고 그 사망의 골짜기에서 하나님이 나를 꺼내셨다. 이제 나는 다시 그 길을 걸어가는 또 다른 '상덕이'들에게 다가가고 싶다.

어릴 적 내 마음속에 방치된 분노와 욕망을 누군가가 기도로 감싸주었다면 나의 청춘은 달라졌을 것이다. 그러나 하나님은 그 모든 고통과 실패를 지나 지금의 나를 통해 누군가의 청춘을 지키게 하셨다. 그래서 나는 기도한다.

"주님, 어딘가에서 지금도 거리를 방황하고, 조폭의 환상에 빠지고, 범죄에 희열을 느끼며 세상에 복수하려는 또 다른 청소년을 저에게 보내 주소서."

나는 그들에게 말할 수 있다.
"형이 그 길 끝에 다녀왔다."
"거기에는 지옥밖에 없다."

"지금 돌아와도 늦지 않다."

그리고 그들에게 보여주고 싶다.
"하나님은 너를 포기하지 않으신다. 사람들이 버려도, 예수님은 널 위해 울고 계신다."

"주의 말씀은 내 발에 등이요 내 길에 빛이니이다." (시편 119:105)

이제 나는 교도소 사역을 넘어 거리의 청소년, 위기의 아이들, 방황하는 내 옛 모습의 아이들에게 가고자 한다.

내가 받은 사랑을 이제는 그 아이들에게 흘려보낼 차례다.

제24장

길수 씨와 혜진 씨, 거리에서 피어난 믿음

"25년 노숙의 끝에서, 하나님은 이 부부를 교회 집사로 세우셨다."

서울역은 이상한 곳이다. 떠나려는 사람도 많고 다시 돌아오는 사람도 많다. 포기하는 사람도 있고 그 와중에 다시 희망을 품는 사람도 있다. 그 모든 삶의 부딪침 속에서 나는 오늘도 누군가의 손을 붙잡는다.

그중에서도 절대 잊을 수 없는 부부가 있다. 남편 길수 씨, 아내 혜진 씨. 이 부부는 내가 사역한 지난 수년 동안 가장 오랜 시간 거리에 머물러 있었던 사람들이다.

길수 씨는 서울역에서 무려 25년을 노숙했고, 혜진 씨는 20년을 거리에서 버텼다. 이들이 처음 거리로 나왔을 땐 그저 잠깐 머물다 갈 생각이었을 것이다. 하지만 노숙이라는 것은 늪과 같다. 한번 발을 들이면 빠져나오기 쉽지 않다.

처음에는 "며칠만"이라 말한다. 하지만 정신을 차리면 몇 년이 흘러 있고 도와줄 사람도 기억해 줄 사람도 하나 없이 그냥 그렇게 묻혀버린다.

이 부부도 그렇게 살았다. 사랑으로 시작했던 부부의 삶은 언젠가부터 하루하루 생존을 위한 전쟁이 되었고 어느 날은 같이 쓰러졌고 어느 날은 서로를 원망하며 또 하루를 버텼다.

그러던 중 혜진 씨가 큰 병을 얻었다. 자궁 적출 수술을 받았고 합병증과 만성 질환이 줄줄이 뒤따랐다. 몸은 야위었고 겨울이 오자 길 위에 있는 것 자체가 생명을 위협하는 일이 되었다.

그때 남편 길수 씨가 아내의 손을 붙잡고 나를 찾아왔다. 허름한 외투, 깊게 팬 눈가, 마른 입술. 두 손을 모은 그의 얼굴에는 분노, 절망, 슬픔, 간절함... 말로 다 할 수 없는 감정이 뒤섞여 있었다.

"목사님... 제발, 제 아내 좀 살려주세요. 여자가 이 몸으로 콘크리트 바닥에서 어떻게 겨울을 납니까. 제가 할 수 있는 게 아무것도 없어요. 제발 도와주세요. 목사님밖에 없습니다..."

나는 그 말 앞에 무너졌다. 눈물이 났다. 사실 그때 나도 지쳐 있었다. 억울한 누명을 쓰고 재판을 받고 있었고 유튜브 댓글 창에는 온갖 비난이 쏟아졌고 몸과 마음이 다 무너지고 있던 시기였다.
그런 나에게 또 누군가를 돌본다는 건 정말 버거운 일이었다. 하지만 외면할 수 없었다. 기도했다.

"하나님, 저도 너무 힘듭니다. 그런데 이 부부만은... 주님이 외면하지 않으시리라 믿습니다."

　그렇게 그들을 위한 집을 구했다. 병원과 약국을 함께 다녔고, 이불, 밥솥, 의약품까지 하나하나 채워 나갔다. 무엇보다도 사랑하는 마음으로 기도, 말씀을 나눴다.
　길수 씨는 그 집에서 오랜만에 '남편'이라는 이름을 회복했다. 혜진 씨도 차츰 건강을 되찾았다. 그리고 몇 달이 지나 기적처럼 병을 모두 이겨냈다.

　그날, 길수 씨가 내게 말했다.

　"목사님… 혜진이 살려줘서 고맙습니다. 이제는 저희가 목사님 곁에 서겠습니다."

　곧이어, 이 부부는 우리 교회에서 집사로 임명되었다.

　임직 예배 날 이 부부가 교회 앞에 정식으로 서 있던 그 순간 나는 눈을 감고 속으로 기도했다.

　"하나님… 콘크리트 바닥 위에서 죽어가던 이들을 주님께서 교회의 기둥으로 세우셨습니다. 이 은혜가 얼마나 놀랍습니까."

길수 집사님은 요리사였다. 매일 직접 장을 보고 맛있는 밥과 반찬을 만들어 교회 가족들과 나눴다. 정성도 사랑도 담긴 식탁이었다. 혜진 집사님은 항상 나를 보면 웃는다. 그 웃음 하나에 그간의 배신, 상처, 고통이 눈 녹듯 사라진다.

사람들은 여전히 말한다.
"사람은 변하지 않아요."
하지만 하나님은 말씀하신다.

"나는 너를 거룩하게 하리라."

그 말씀을 나는 오늘도 붙든다. 노숙자도, 병든 자도, 죄인도, 예수님을 만나면 반드시 회복된다. 그 증거가 바로 길수 씨와 혜진 씨 부부다.

제25장

서울역 왕초 정아 씨

"그녀를 처음 본 순간, 나는 늑대소년을 떠올렸다."

2021년 여름이 시작되려던 어느 날, 서울역광장에서 나는 운명처럼 정아 씨를 처음 만났다.

그날은 아주 특별한 날이었다. 그녀가 교도소에서 출소하는 날이었고 이미 서울역 주변은 술렁이고 있었다. 경찰, 노숙자들, 약국 앞을 지나가던 사람들까지도 입을 모아 말했다.

"정아가 나온대."

그녀의 이름은 전설처럼 퍼져 있었다. '서울역의 왕초', '여자 노숙자 대가리', '미친 여자'.

나는 이 별명들 속에 진짜 사람이 존재할 줄은 몰랐다. 하지만 정아 씨를 실제로 보았을 때 나는 모든 선입견이 부끄러워졌다. 그 존재는 내가 상상했던 모든 것을 초월했다.

29년 동안 서울역에서 노숙을 하며 거리에서 무려 7명의 아이를 낳았고 그 아이들 모두를 잃어버린 여자. 그녀는 괴물이 아니었다. 상처 입은 한 인간 야생의 본능으로 세상 속에서 살아남은 한 여인이었다.

그녀를 처음 보았을 때 나는 숨을 멈췄다. 마치 정글에서 살아남은 늑대처럼 그녀의 눈빛에는 사람을 향한 공포와 분노가 뒤섞여 있었다. 헝클어진 머리카락, 박힌 때로 검게 변한 손톱, 술과 고단한 삶의 냄새가 온몸에서 풍겨왔다.

서울역광장 한복판에 종이박스를 깔고 앉은 그녀를 향해 노숙자들은 하나둘씩 모여들었다.

그들은 소주를 꺼냈고 새우깡을 안주로 삼아 왕초의 귀환을 축하했다. 그러나 나는 그 광경이 축제가 아니라 깊은 슬픔처럼 느껴졌다.

나는 조심스럽게 그녀에게 다가갔다.

"정아 씨, 반가워요. 고생 많으셨어요." 그녀는 고개를 번쩍 들더니 대뜸 욕을 내뱉었다. "뭐야, 너는 씨발놈아."

순간 얼어붙었지만 나는 그 안에서 외로움과 불안의 깊은 파동을 느꼈다. 다가오는 사람을 밀어내야만 살아남을 수 있었던 인생. 사랑받지 못한 세월, 짓밟힌 기억, 배신당한 수많은 밤들이 그녀를 그렇게 만든 것이리라.

그날 이후 나는 정아 씨를 자주 찾아갔다. 욕을 먹고, 밀쳐지고, 물세례를 당하면서도 포기하지 않았다. 서울역에서 그녀를 건드릴 사람은 없었다. 싸움이 나면 옷을 벗어 던지고 죽기 살기로 덤비는 여인. 그 누구도 감히 그녀에게 가까이 가지 못했다. 그러나 내가 본 정아 씨는 누구보다 여리고 슬픈 여자였다.

그녀의 손에는 셀 수 없는 상처들이 있었고 일부는 자기 자신을 할퀴며 만든 자해의 흔적이었다. 가끔은 혼잣말을 하듯 중얼거렸다.

"그 애 이름이... 뭐였더라... 둘째였던가... 셋째였나..."

그녀는 아이들의 이름을 기억하지 못했다. 세월은 너무 길었고 술은 기억을 지웠다. 누구도 그녀에게 아이들을 지킬 기회를 주지 않았다. 처음부터 그런 사람이었을까? 아니다. 정아 씨도 사랑받고 싶었고 가정을 꿈꿨던 평범한 여인이었을 것이다. 그러나 세상은 그녀를 무너뜨렸고 사람들은 그녀를 '괴물'이라 불렀다.

어느 날 그녀가 나에게 말했다.

"목사 오빠야? 나는 그냥... 오빠도 나한테 잘해 주지 마. 잘해 주다가 언젠가는 떠날 거잖아. 씨발. 목사 오빠야도 언젠가 떠날 거니까 나한테 잘해 주지 마."

그녀의 말에 나는 눈물을 나왔다. 그녀는 사랑받고 싶었다. 단 한 번이라도, 진심으로. 그러나 너무 오래 외로움에 갇혀 살아온 그녀는 이제 그 사랑조차도 두려워하고 있었다.

나는 하나님께 무릎 꿇고 기도했다.

"주님, 이 영혼을 불쌍히 여겨주소서. 세상은 그녀를 포기했지만 주님은 절대 포기하지 마소서."

사람들은 그녀를 무서워했고 목회자들도 피해 갔다. 하지만 나는 그녀에게 자꾸 말을 걸었다.

"야, 시커먼스냐? 좀 씻어라. 아무 데서나 바지 벗고 오줌 싸지 말고 화장실 좀 가라."

처음엔 욕을 퍼붓던 그녀가 어느 순간부터 웃기 시작했다. 삐뚤빼뚤한 이빨을 드러내며 나를 보면 웃었다. 내가 그녀를 놀리는 거라 생각하지 않고 동생처럼 대하는 내 진심을 느낀 것이다. 며칠 뒤 그녀는 내게 먼저 말을 걸었다.

"목사야, 나하고 친구 하자."

그녀는 나보다 한 살 어렸지만 친구가 되고 싶다고 했다. 나는 기쁘게 친구가 되었다. 그리고 1년 넘게 진심으로 그녀를 돌봤다. 하지만 동정하지는 않았다. 동정은 그녀가 가장 싫어하는 것이었기 때문이다.

지금 그녀는 나를 '목사 오빠'라 부른다. 나는 그녀를 위해 기도한다. 오빠로서, 목회자로서, 친구로서.

그녀의 삶을 모두 이해할 수는 없다. 하지만 지하도 중앙통에서 부르던 '찻잔'이라는 노래를 들을 때면 나는 그녀의 아픔이 느껴진다. "너무 진하지 않은 향기를 담고... 말을 건네기도 어색하게..." 그녀의 목소리는 울음 섞인 기도처럼 들린다.

술을 마시면 다시 욕을 한다. 이유를 모르겠다. 치매일까 의심도 했지만 나는 애써 웃으며 장난을 건넨다. 다시 욕을 듣더라도 나는 그녀를 계속해서 부르고 또 부른다.

"정아 씨, 당신은 하나님의 딸입니다. 아무리 많은 사람들이 당신을 버려도 하나님은 당신을 절대 포기하지 않으십니다."

그녀는 오늘도 서울역에서 살아간다. 왕초의 가면을 쓰고 누군가의 엄마였던 기억을 가슴에 품고. 그 가슴 아픈 삶이 복음으로 회복되기를 나는 간절히 믿는다.

그리고 나는 오늘도 그 복음을 들고 그녀를 향해 손을 내민다. 손이 닿지 않아도 괜찮다. 복음은 언젠가 그 마음의 문을 열 것이기에.

"네가 내 눈에 보배롭고 존귀하며 내가 너를 사랑하였은즉…" (이사야 43:4)

정아 씨, 당신은 괴물이 아닙니다. 당신은 하나님이 사랑하시는 딸입니다. 오늘도 울고 있는 하나님의 잃어버린 딸입니다.

제26장
정아 씨의 겨울, 그리고 희망이

그렇게 정아 씨와 친해지고 1년이 지나면서, 우리는 서로 깊은 신뢰를 쌓게 되었다. 처음엔 욕을 퍼붓고 나를 밀쳐내던 그녀는 이제 나를 '목사 오빠'라 부르며 자신의 마음을 조금씩 열었다.

그러나 그 믿음의 시간 속에도 어둠은 서서히 찾아오고 있었다.

어느 날, 정아 씨가 말했다. "오빠야, 나 머리가 너무 아프다... 진짜 이상해."

동시에 서울역파출소 경찰관들도 나를 붙잡고 말했다.

"목사님, 정아 씨가 요즘 몸이 정말 안 좋아 보여요. 병원에 한번 데리고 가 보시는 게 어떨까요?"

많은 사람들이 그녀를 걱정했지만 아무도 직접 나서려 하지 않았다. 다만, 나와 정아 씨가 가까운 사이인 걸 알고 있었기에 모두 나에게 부탁을 해왔다. 나도 걱정이 되었다. 그래서 나는 조심스럽게 정아 씨에게 말했다.

"정아 씨, 우리 병원에 한번 가보자. 머리 아프다며. 검사만 받자 나랑 같이 가자."

놀랍게도 정아 씨는 고개를 끄덕였다. 그녀의 남자 친구, '공작새'라는 별명을 가진 남자와 함께 우리는 병원을 찾았다. 공작새라는 별명도 이때는 없었다. 그저 정아 씨 남편으로 불렸다. 한참 후에 공작새라는 별명은 우리 교도소tv에서 방송을 하며 독자님들이 함께 지어주었다.

공작새는 말도 잘하고 선한 눈빛을 가진 남자였다. 외모도 깔끔하고 노숙자라는 말이 무색할 정도였지만 술에 중독되어 있는 사람이었다. 그럼에도 불구하고 그는 정아 씨를 지극히 아꼈고 병원까지 함께 동행하며 내 말을 진심으로 들었다.

큰 병원에서 정밀검사를 받는 동안 나는 결심했다. 겨울이라도 교회에서 지내자고. 그러다 다시 여름에 서울역으로 나가고 싶으면 그 때 나가자고 제안했다. 정아 씨는 잠시 고민하더니 고개를 끄덕였다.

나는 곧장 그 둘을 주님제일교회로 데리고 왔다. 교회는 그 당시 노숙자 쉼터 역할도 겸하고 있었기에 가장 큰 방을 내어주었다. 그리고 오랜 노숙 생활로 찌든 냄새와 먼지를 씻어내라고 샤워를 권했다. 샤워실에서 풍겨 나온 냄새는 하수구보다도 심했다. 그 냄새는 며칠이 지나서야 사라졌고 나는 그 냄새 속에 고여 있던 세월의 눈물을 느꼈다.

그날, 나는 회를 시켜 주었다. 싱싱한 모둠회였다. 정아 씨는 그것을 보며 "물고기다!"라고 외쳤고 마치 처음 맛보는 것처럼 감격해하며 먹었다. 그 모습을 보며 나는 눈물을 삼켰다. '이 여인에게 앞으로 더 많은 사랑을 주고 싶다. 하나님의 사랑 안에서 그녀를 살게 하고 싶다'는 마음이 내 안에 자리 잡았다.

하지만 교회 공동체 속에서의 삶은 쉽지 않았다. 정아 씨는 나에게는 참 잘했지만 기존에 있던 형제들과는 자주 충돌했다.

특히 '폐닭'이라는 별명을 가진 형제와는 철천지 원수처럼 싸웠다. 이유를 몰랐던 나는 갈등의 원인을 찾아야 했다. 그러던 어느 날 나는 충격적인 사실을 알게 되었다. 정아 씨가 어느 날 말했다.

"오빠야, 저 폐닭이 술 취하면 희망이 때리는 거 봤어. 그날도 내가 말리다가 싸운 거야."

희망이는 우리 교회에서 키우던 강아지였다. 모두가 희망이를 귀여워하며 간식을 주었고 나는 그 모습이 참 고마웠다. 그러나 내가 없을 때 폐닭은 술에 취해 희망이를 때렸던 것이다. 아무도 몰랐다. 아니, 외면했던 것이다.

이 충격적인 사실을 알게 된 후로 나는 폐닭과 정아 씨 사이의 싸움을 더 이상 말릴 수 없었다.

그 사건 이후로 정아 씨는 희망이의 엄마처럼 행동했다. 희망이를 끌어안고, 먹을 것을 챙겨주고, 아무도 희망이 근처에 가지 못하게 했다. 교회의 다른 사람들도 이제는 감히 희망이에게 손을 대지 못했다. 정아 씨의 눈빛은 분명했다. '이 아이는 내가 지킨다'는, 진짜 엄마 같은 눈빛이었다.

그 겨울, 나는 알았다. 하나님은 정아 씨를 통해 말 못하는 강아지에게도 사랑을 드러내셨고 희망이를 통해 정아 씨의 모성애를 다시 일으키셨다. 그녀는 단지 거리에서 살아남은 생존자가 아니라 여전히 사랑할 줄 아는 하나님의 딸이었다.

주님제일교회의 방 한 칸에서 시작된 그 겨울의 이야기는 서울역 왕초라 불리던 여인의 마음속에 성령의 불씨가 타오르기 시작한 계기였다. 나는 기도했다.

"하나님, 정아 씨 안에 살아계신 주님의 형상을 지켜 주소서. 그 마음을 지키시고 그녀가 또 한 명의 희망이 되게 하소서."

그리고 오늘도 나는 서울역에서 그녀의 이름을 부른다. 정아 씨, 당신은 결코 버려진 존재가 아닙니다. 당신은 하나님의 사랑 안에서 다시 살아날 수 있습니다.

제27장

희망이라는
이름의 기적

희망이는 처음부터 내 품 안에 있던 존재는 아니었다.

내가 돌보고 있던 '모기'라는 노숙인이 술에 취해 강가의 다리 밑으로 가출했을 때 나는 그를 찾아 밤마다 어두운 이포 강변을 헤맸다. 그때마다 내 눈에 자꾸 띄는 강아지 한 마리가 있었다. 검은 털에 겁먹은 눈빛, 그러나 배고픔을 이기지 못해 모기가 먹다 남긴 안주를 훔쳐 먹고 있었다. 그 강아지가 바로 희망이였다.

놀랍게도 이 강아지는 내가 실시간 라이브 방송을 할 때도 등장했다.

모기가 자고 있는 동안 그 옆에서 오징어포와 과자를 몰래 훔쳐 먹던 그 모습이 방송에 잡혔다. 세 번이나 같은 장소에서 이 강아지를 마주친 나는 점점 그 존재가 마음에 남기 시작했다. 우연이라기보다 운명처럼 느껴졌다.

며칠 후, 다시 모기를 찾으러 간 날이었다. 동네에서 유기견을 챙기던 한 이모님이 나를 불러 세웠다. 그분은 강아지에게 먹이를 주고 물을 챙겨주다가 내가 지나가는 것을 보고 말했다.

"목사님, 이 강아지 데리고 가서 키우실래요? 사료값이랑 병원비는 제가 평생 책임질게요. 이 아이, 너무 안쓰러워요."

나는 망설였다. 목회 사역도 바쁘고 함께 사는 사람들도 많았다. 그런데 그날 라이브 방송을 통해 이 장면이 그대로 생중계되고 있었고 300명 넘는 시청자들이 실시간 댓글로 간절히 부탁했다.

"목사님, 우리가 키워요. 데리고 와 주세요. 강아지가 너무 불쌍해요."

그들의 간절한 마음에 나도 결단을 내렸다. 떨고 있던 그 작은 강아지를 조심스럽게 안았다. 마치 세상이 무서워 숨만 쉬던 아이처럼 희망이는 내 품 안에서 파르르 떨고 있었다. 우리는 시청자들과 함께 이름을 지었고 그 아이의 이름은 '희망이'가 되었다. 버려졌던 과거를 잊고 새로운 이름으로 다시 시작하기로 한 것이었다.

하지만 기적은 항상 쉬운 길로 오지 않았다. 입양한 지 얼마 되지 않아 어느 날 늦은 밤 희망이가 거칠게 숨을 몰아쉬기 시작했다. 겁에 질려 숨이 넘어갈 듯 괴로워하는 모습을 본 나는 단숨에 병원으로 달려갔다. 진단 결과는 청천벽력이었다. 심장사상충 말기. 의사는 조심스럽게 말했다.

"이 강아지, 솔직히 가망이 없습니다. 치료도 어렵고 고통만 클 수 있어요."

하지만 나는 그리고 수많은 독자들은 포기할 수 없었다. 다시 한번 기적을 바라며 더 큰 병원으로 옮겼다. 입원과 치료가 시작되었고 병원비는 무려 300만 원이 넘었다.

그러나 하나님의 섭리는 놀라웠다. 방송을 통해 이 소식이 전해지자 많은 분들이 십시일반으로 마음을 모아 주셨다. 부족한 금액은 병원장님께서 보태 주시면서 희망이는 결국 생명을 건졌다.

지금도 생각하면 눈물이 난다. 그렇게 죽음의 문턱까지 갔던 희망이가 이제는 건강을 되찾고 활발하게 뛰어다닌다는 것이. 희망이는 단순한 유기견이 아니었다. 나와 함께한 수년의 시간 속에서, 위로와 웃음, 충격과 회복의 상징이 되었다.

요즘 희망이는 누나가 소일삼아 농사를 짓고 있는 밭에서 지내고 있다. 넓은 밭에서 마음껏 뛰어놀고 햇살을 받으며 천진난만하게 잠든 모습을 보면 마음이 놓인다. 물론 자주 가서 보지는 못한다. 엘림이가 내게 온 이후로 희망이에게 쏟을 시간이 많이 줄었다. 그게 늘 마음에 걸린다.

하지만 희망이는 다 안다. 여전히 나를 보면 꼬리를 흔들고 눈을 마주치면 어린아이처럼 안기려 한다. 우리 사이엔 말로 설명할 수 없는 정이 있다. 수많은 위기의 시간 속에서 서로를 지켜주며 함께 살아낸 생명의 유대와 고난 속에서 함께 했던 전우애도 있다.

이제 희망이도 많이 늙었다. 하지만 아직도 에너지는 넘친다. 밭을 종횡무진 뛰어다니며 마치 인생의 후반전을 마음껏 누리는 듯하다.

나는 희망이를 바라보며 말한다.

"희망아, 사랑한다. 정말 사랑한다. 나중에 엘림이가 조금 더 크면 여름에 다시 너의 고향 이포 강가로 같이 놀러 가자. 네가 자유롭게 뛰어놀던 그 다리 밑으로 우리가 처음 만났던 그 자리로."

희망이는 내게 '희망' 그 자체였다. 버림받았던 존재가 사랑받으며 살아나는 기적 그것이 복음의 본질임을 이 작은 생명 하나가 내게 가르쳐 주었다.

나는 오늘도 기도한다.

"주님, 버려진 강아지 희망이를 통해 배운 사랑을 이제 더 많은 사람들에게 흘려보내게 하소서. 희망이처럼 버려진 이들이 다시 사랑받고 회복되는 그날까지 제가 쓰임받기를 원합니다."

제28장

우크라이나 전쟁 난민 사역

시간을 거슬러, 나는 다시 그날의 출발선으로 돌아간다. 폐닭, 모기, 깨소금... 함께 울고 웃으며 살아온 형제들과 나는 전혀 예상치 못한 목적지로 향하고 있었다. 그곳은 바로 전쟁 중인 우크라이나였다. 러시아의 침공으로 수많은 생명이 무너지고 평범한 일상이 잿더미가 되어버린 그 땅으로.

2022년, 우리는 우크라이나 전쟁 발발 소식을 듣고 마음이 움직였다. 하루에도 수천 명의 난민이 국경을 넘어 탈출하고 있다는 뉴스를 보며 그냥 볼 수만은 없었다. 그렇게 우리는 13시간의 비행기를 타고 폴란드 바르샤바에 도착했다. 공항에서 렌터카를 빌려 국경지대로 향하는 길, 창밖으로 펼쳐진 유럽풍의 거리와 풍경은 평화로웠지만 우리의 마음은 긴장감으로 가득했다.

국경에 도착하자마자 마주한 풍경은 말 그대로 충격이었다. 허기진 배를 움켜쥐고 눈물 젖은 얼굴로 국경을 넘는 이들, 아이를 등에 업고 몇 날 며칠을 걸어온 엄마들 그리고 모든 것을 잃고 주저앉아버린 노인들. 우리는 한국에서 가져온 라면, 초코파이, 맥심 커피, 따뜻한 물을 나누어주며 그들을 맞이했다. 손이 시릴 정도로 추운 날씨에도 불구하고 그들에게 따뜻한 커피 한 잔은 마치 생명의 빛처럼 느껴졌다.

우리는 그곳에서 기도했다. 총알을 피해 국경을 넘은 이들의 머리에 손을 얹고 하나님께 이들의 생명을 지켜 달라고 이 땅에 평화가 다시 임하게 해 달라고 간절히 기도했다. 함께한 형제들 노숙인과 출소자들이 이 시간만큼은 진심으로 눈물을 흘리며 자신들의 삶을 넘어서는 기도를 드리는 모습을 보며 나는 알았다. 이것이 바로 하나님이 준비하신 사역의 시간이라는 것을.

밤이면 바르샤바 중앙역과 거리에서 버스킹을 했다. 우리가 부르는 찬양의 가사는 그들이 알아듣지 못했지만 유럽 사람들은 멈춰 서서 우리의 노래를 듣고는 조용히 헌금을 놓고 갔다. 그들의 표정에는 경계보다 따뜻한 존중이 담겨 있었다. 그렇게 거리에서 울려 퍼진 찬양은 전쟁의 슬픔 속에 작은 위로가 되었다.

며칠 후, 우리는 또 다른 충격적인 소식을 들었다. 지금도 우크라이나 안에 갇혀 나올 수 없는 수많은 이들이 굶주림에 시달리고 있다는 것이었다. 국경 밖의 난민들도 힘들지만 전쟁터 안은 그보다 더 절망적인 상황이라는 것을 알게 되었다.

나는 결심했다. 유튜브 방송을 통해 전쟁 속 생존자들을 위한 모금 방송을 시작했다. 며칠 만에 수많은 후원자들이 마음을 보태 주셨고 우리는 폴란드에서 가장 큰 마트로 달려가 지게차를 동원해 밀가루와 식용유를 무려 2천만 원어치 구매했다.

그 물품들을 우크라이나로 보내기 위해 우리는 방탄 개조가 된 트럭 창문에 강철을 용접하고 운전만 가능하도록 작은 틈을 낸 트레일러를 빌렸다. 그 트럭에 식량을 싣고 우크라이나로 향한 사람은 일반인이었지만 그의 눈빛은 전사와 같았다.

"제 가족이 아직 키이우에 있어요. 반드시 이걸 들고 들어가야 합니다. 밤에 몰래 넘어갈 겁니다. 하지만 목사님 마지막으로 부탁이 있어요."

그는 나에게 서류 한 장을 건넸다. 그리고 함께 사진을 찍자고 요청했다. 나중에 그 서류를 읽고 눈물이 났다. "전쟁이 끝나면 저는 반드시 우크라이나로 목사님을 초대하겠습니다. 이 은혜를 절대 잊지 않겠습니다." 그 종이는 단순한 문서가 아니라 피와 눈물로 써 내려간 약속이었다.

우리는 원래 3주만 머물 계획이었다. 하지만 그 기약은 무너졌다. 국경에서 사역을 계속하며 밀려드는 난민들에게 먹을 것을 나누어 주다 보니 마스크조차 제대로 쓰지 못한 채 시간을 보냈고 결국 우리 일행은 코로나에 걸리고 말았다. 귀국일이 다가왔지만 공항에서는 우리를 태워 주지 않았다. 격리와 치료를 받으며 지친 몸을 이끌고 우리는 겨우 비행기를 탈 수 있었다.

한국행 비행기가 이륙하던 순간 창밖의 하늘을 보며 우리는 마음속으로 실감이 나지 않았다. "살아서 돌아간다니… 믿을 수 없다."

전쟁은 정말 없어야 한다. 사람이 사람을 죽이고 아이들이 굶어 죽고 가족이 뿔뿔이 흩어지는 이 비극은 단 한 번으로 충분하다. 나는 지금도 기도한다. 우크라이나에 평화가 오기를. 전쟁이 끝나고 다시 그 땅에서 찬양이 울려 퍼지기를. 그리고 언젠가 약속했던 그 서류 속 초대처럼 희망의 노래를 들고 다시 그곳에 가게 되기를. 이번에 가게 된다면 유럽의 맛있는 음식들도 먹어보고 싶다.

제29장

내가 사랑하는 여인

유튜브 방송을 시작한 이후 수많은 구독자들이 응원의 메시지를 보내오고 후원과 기도로 함께해 주셨다. 참으로 감사한 일이다. 그러나 그 응원의 뒤편에는 조심해야 할 그림자도 늘 함께 있었다.

처음에는 몰랐다. 누군가가 봉사를 하겠다고 전화를 걸어오면 나는 그 마음을 순수하게 믿었다.

그러나 시간이 지날수록 알게 되었다. 봉사를 가장한 이성적 접근, 그리고 정신적으로 불안정한 사람들이 생각보다 많다는 것을. 방송은 방송으로 받아들여져야 하지만 어떤 이들은 현실과 방송을 혼동하고 스스로를 착각 속에 빠뜨린 채 나를 찾아왔다. 그로 인해 나는 적잖은 어려움과 불편함을 겪어야 했다.

"목사님, 돈과 여자를 조심하세요."

방송을 통해 친밀해진 시청자들 그리고 동역자들은 자주 그렇게 조언했다. 처음에는 그런 말이 내 삶과는 무관하다고 생각했다. 그러나 그렇지 않았다. 유튜브를 통해 다가오는 관계 속에 숨겨진 의도를 분별하는 것이 얼마나 중요한지를 뼈저리게 깨달았다.

감사하게도 나는 처음부터 모든 후원금과 재정 관리를 회계사에게 맡겨 왔다. 누군가가 '후원금을 횡령했다'고 억울한 고발을 해 왔을 때도 모든 자료가 투명하게 관리되어 있었기에 경찰 조사를 받고도 '혐의 없음'으로 종결될 수 있었다. 그러나 마음의 상처는 오래 남았다.

여자 문제는 이제는 거론조차 하고 싶지 않다. 상처뿐이었다. 유튜브가 아니라 내 인생 전체에서 나는 이제 더 이상 어떤 여인도 만나고 싶지 않다.

단 한 사람, 지금 만나고 있는 그 사람 외에는.

그녀는 내게 생명의 은인이었다. 내가 전처의 범죄로 인해 억울한 누명을 쓰고 감옥에 수감되었을 때 나는 삶을 포기하고 싶을 만큼 절망했다. 그 순간, 그녀가 나에게 왔다. 하루도 빠짐없이 면회를 오고 편지를 보내고 나의 무고를 밝히기 위해 증거를 모았다. 그 사랑은 계산이 아니었고 조건이 아니었다. 순전한 진심, 희생, 그리고 눈물이었다.

그녀는 나를 위해 자신을 돌보지 않았다. 누명이 씌워졌을 때의 충격으로 뇌출혈이 생겼고 그럼에도 불구하고 진통제만 먹으며 나를 위해 싸웠다. 결국 뇌수막염으로 쓰러졌지만 그녀는 끝까지 나를 붙잡았다. 나는 알 수 있었다. 사랑은 말이 아니라 생명을 건 헌신이라는 것을.

나는 내 어머니를 통해 무조건적인 사랑을 받았다.

그리고 이 여인을 통해 또 한 번 세상의 모든 사랑을 경험했다. 어머니 다음으로 나를 이렇게까지 사랑한 사람은 그녀뿐이다.

나는 하나님께 기도했다. '하나님, 저에게는 이 사람만 있으면 됩니다. 이 사람만 회복되게 해 주십시오. 제가 가진 모든 것을 포기하더라도 이 사람만은 살릴 수 있게 해 주십시오.'

그 기도를 안고 나는 기도원으로 향했다. 천보산민족기도원. 얼마나 많이 울었는지 모른다. 내 고통보다 그녀의 고통이 더 아팠고 내 억울함보다 그녀의 헌신이 더 벅찼다.

그날 강대상에 선 한승진 목사님의 말씀이 마치 나를 위해 준비된 메시지 같았다. 통곡하며 기도하고 또 기도했다.

기도가 끝나고 집으로 돌아올 때면 목이 잠겨 말을 할 수 없었다. 그러나 하나님께서 우리를 지키실 것을 믿기에 그 믿음 하나로 나는 다시 기도원으로 갔다. 지금도 그렇게 하고 있다.

그리고 지금, 그녀는 많이 회복이 되고 있다. 현재 나는 금요일 천보산기도원에서 찬양예배 싱어로 찬양을 드리고 있다. 나에게는 기적과 같다. 내가 기도하러 갔던 자리에서 하나님은 나를 예배하는 자리로 인도하셨다.

나는 오늘도 고백한다.

"하나님, 저의 마지막 사랑 마지막 여인을 지켜 주시옵소서. 제가 이 사람 외에 다른 누구도 바라지 않게 하시고 남은 삶을 이 사람과 함께 하나님을 섬기며 살게 하시옵소서."

내가 할 수 있는 건 오직 기도뿐이다. 그 기도 속에서 하나님은 나를 쉬지 않고 쓰시고 계신다. 나의 고통도, 나의 사랑도, 모두 하나님의 손 안에 있다.

오늘도 나는 천보산으로 향한다. 그리고 그곳에서 다시 고백한다.

"하나님, 감사합니다. 이 여인을 제게 보내주셔서 감사합니다."

제30장
서울역 큰형님,
만지 이야기

만지는 서울역 노숙자들 사이에서 '큰형님'이라 불리는 인물이었다.

사실 나와 만지의 인연은 내가 억울한 누명을 쓰기 전 교도소에 들어가기 전부터였다. 그때 만지는 자주 우리 주님제일교회 쉼터에 놀러 와 밥을 먹고 형제들과 이야기를 나누며 지냈다. 나를 '형'처럼 따랐고 나는 그를 친동생처럼 생각했다.

그런데 내가 교도소에 억울하게 수감되고부터 만지와의 연락은 끊겼다. 수개월의 시간이 흐른 후, 나는 출소하고 다시 서울역으로 나갔다. 그리고 거기서 기적처럼 만지를 다시 만났다. 하지만 눈앞에 선 사람은 예전의 만지가 아니었다.

예전엔 95에서 105kg의 건장한 체격을 자랑하던 청년이었지만 지금은 뼈만 남은 모습이었다. 몸무게는 45kg도 되지 않아서 처음에는 그가 만지라는 것을 알아보지 못할 정도였다.

그는 염전에서 일하다가 무리한 노동과 방탕한 생활로 인해 당뇨병에 걸렸고 혈당 수치가 500을 넘는 지경이 되었지만 치료도 받지 않고 방치해온 상태였다. 나는 그를 교회로 데려왔는데 유튜브 실시간 방송 중 시청자들이 걱정하며 당뇨 체크를 해 보자고 했다.

그러나 혈당 측정기는 수치를 잡지 못하고 계속 오류만 표시했다. 나중에 알게 되었지만, 500이 넘는 혈당은 기계가 측정을 하지 못해 에러로 나타나는 것이라고 했다.

결국 119에 전화를 해서 물어보니 바로 응급실로 가보라고 했다. 담당 의사는 내게 조용히 말했다.

"한 시간 내로 사망해도 전혀 이상하지 않은 상태입니다."

나는 말문이 막혔다. 곧바로 입원 절차를 밟고 인슐린을 정맥으로 투여하며 며칠간 집중 치료를 받게 하였다. 기적처럼 만지는 살아났다. 나는 정말 친동생처럼 그를 돌보고 당뇨에 좋은 식단을 준비하고 담배와 술을 끊도록 권면하며 함께 지냈다.

사실 나는 이미 알고 있었다. 그가 몰래 술을 마시고 성인 방송에 빠져 밤을 새우고 거짓말을 하고 있다는 것을. 몇 번이고 이상한 낌새를 느꼈고 내 마음속엔 의심이 있었다. 하지만 나는 모른 척했다. 아니, 애써 모른 척하고 싶었다. 그가 얼마나 약하고 외로운지 또 얼마나 생존을 위해 처절하게 버텨왔는지 알기 때문이다.

무엇보다도 나는 그를 살리고 싶었다. 그의 몸은 죽어가고 있었고 그의 영혼은 더 깊은 어둠에 빠져 있었다. 그런 그를 정죄할 수 없었다. 그가 필요했던 것은 비판이 아니라 사랑이었다. 그래서 나는 알면서도 모른 척했다. 다시는 그러지 말라고 다짐을 받기도 하고 또 속아주었다. 그를 위해 기도했고, 그의 생명이 하나님의 손에 다시 붙잡히기를 간절히 바랐다.

그렇게 반복되는 거짓말과 실망 속에서도 내가 만지를 용서했던 이유는 단 하나였다. 내가 그를 사랑했기 때문이다. 조건 없는 사랑, 아무 대가 없는 사랑. 어쩌면 사람들은 말할 것이다. 왜 자꾸 속아 주느냐고 왜 끊지 못하느냐고. 하지만 사랑은 계산하지 않는다. 특히 생명의 끝에 선 사람을 향한 사랑은 더욱 그렇다. 속아 주지 않고 그를 정죄하고 비판하고 잘못했다고 쫓아내는 건 그를 죽이는 일이다.

그러던 어느 날, 또다시 그는 수급비를 모두 들고 사라졌다. 나에게는 친구를 만나러 간다며 거짓말을 하고는 술판을 벌이고 성인방송 여성들과 어울렸다. 전날에 나와 했던 약속조차 기억하지 않는 듯 행동했고 나는 알면서도 또 속아 주는 내 자신이 서글펐다. 만지가 내가 아무것도 모르는 줄 아는 것 같아 더 마음이 아팠다.

하지만 이번만큼은 나는 용서할 수 없었다. 그는 이미 생명을 되찾았고 약속이 얼마나 소중한지도 배워야 했다. 그래서 나는 더 이상 그를 보호해 줄 수 없었다. 그렇게 만지는 다시 서울역 노숙 생활로 돌아갔다. 하지만 지금도 가끔 서울역에서 마주치면 그는 조용히 다가와 고개를 숙이고 인사한다. 미안하다는 말도 없이 그 눈빛 하나로 사죄의 마음을 전한다.

만지가 '서울역 큰형님'이라 불린 이유는 그의 외모 때문이었다. 대머리에 거친 얼굴 그리고 모두를 내려다보는 듯한 풍채 덕분에 나이 많은 노숙자 형제들도 그를 "큰형님"이라 불렀다.

그러나 나는 안다. 그 안에 있는 외로움과 고통, 그리고 누군가에게 진심으로 받아들여졌을 때 얼마나 따뜻한 사람이 될 수 있는지를.

나는 지금도 기도한다. '주님, 만지가 또다시 자신을 버리지 않게 하소서. 그가 다시는 믿어준 사람을 배신하지 않게 하소서.'

그는 아직도 내게는 소중한 형제다. 나의 마음을 아프게 했지만 그를 위해 울었던 시간만큼 나는 그를 포기하지 않는다.

하나님께서 언젠가 그를 회복시키시리라 믿고 기다린다.

제31장
다시 일어서길
바라는 마음,
깨소금 이야기

깨소금을 처음 알게 된 건 '월간교도소'라는 월간지를 통해서였다.

내가 전국 교도소에 복음 간증과 회복의 이야기를 담은 월간지를 발행하여 보낼 때, 한 통의 편지가 내게 도착했다. 그 편지는 짧지만 간절했고 무엇보다 진심이 담겨 있었다. 깨소금은 출소 후 나와 함께 살며 새로운 삶을 시작하고 싶다고 했다. 나는 그 편지를 받고 깊은 고민 끝에 답장을 보냈고 우리는 몇 차례 진심 어린 편지를 주고받았다.

그러던 중, 깨소금은 출소를 앞두고 있었다. 나는 그를 마중 나가겠노라 약속했지만 정확한 날짜를 착각해서 가지 못했다. 하지만 그는 쉼터 주소를 알고 있었기에 새벽에 택시를 타고 직접 찾아왔다. 당시 내가 내어준 두부를 먹으며 그가 툭 던진 말 "두부에 깨소금이 없네." 이 말이 유튜브 쇼츠 영상에 올라가자 시청자들이 '깨소금'이라는 별명을 지어주었다. 그 이름은 그와 나, 그리고 시청자들이 함께 만든 정겨운 시작이었다.

그 인연도 어느덧 4년이 되었다. 그동안 깨소금은 몇 번이고 무전취식으로 교도소에 들어갔고 그때마다 내게 눈물 섞인 편지를 보내며 "목사님, 제발 한 번만 더 기회를 주세요"라고 했다. 나는 또다시 마음을 열었다. 그가 무섭고 악해서 그런 게 아니란 걸 나는 누구보다 잘 알고 있었기 때문이다.

덩치만 컸지 참 순박한 사람이었다. 다만, 술이 문제였다. 술이 들어가면 자신을 잃는 병 같은 상태. 예전에는 호텔 주방장으로 근무하며 좋은 술을 마셨고 7080 라이브 카페에서 노래 부르며 취하던 기억을 못 잊었다. 결국 그가 하는 무전취식은 단순한 범죄가 아니라 '술을 마시고 싶어서, 즐기고 싶어서, 그리고 자포자기해서' 시작된 병의 결과였다. 나중에는 스스로 경찰서에 가서 자수를 할 정도였다. 나는 그 삶이 너무 안타까웠다.

무엇보다 그가 늘 "우리 목사님"이라며 나를 부르던 그 진심을 알기에 나는 그를 포기할 수 없었다. 그는 이번에도 출소 전 내게 편지를 보내 차비를 부탁했고 나는 기꺼이 보내 주었다. 폭우가 쏟아지던 날, 나는 두부를 준비해 교도소 앞에서 그를 기다렸다. 다시 만난 우리는 국밥을 함께 먹고 내 집으로 돌아왔고 그는 또 한 번 "이번에는 절대 술을 마시지 않겠다"고 약속했다. 나는 믿었다. 아니 믿고 싶었다. 그래서 방을 얻어 주고 함께 식사하고 일자리를 알아보며 다시 삶을 시작했다.

그는 인력 사무소에서 노가다를 하며 매일 성실히 일했고 번 돈을 나에게 맡겼다. "내가 갖고 있으면 술을 마실 것 같아요." 그렇게 모은 돈이 350만 원. 그동안 술도 끊고 정말 열심히 살았다. 그러나 만지의 당뇨병으로 내가 병원에 매달려 있을 때 그에게 신경을 못 쓰는 며칠 사이 깨소금은 다시 방황하기 시작했다.

나는 달랬다. 기도했다. 그러나 그는 또 술을 마셨고 다시 교회에도 나오지 않고 내 얼굴도 보지 않았다. 그러던 어느 날 치킨을 먹으러 같이 간 자리에서 만지가 갑자기 말해버렸다.

"목사님, 깨소금이 술 마셨어요."

그날은 실시간 라이브 방송이 켜진 상태였고 나는 충격을 받았다. 시청자들도 난리가 났고 나는 당황했고다. 무엇보다 마음이 무너졌다. 그렇게 깨소금은 또 떠났다.

그가 나에게 맡겼던 350만 원은 본인이 술을 마실 거 같으면 주지 말라고 했기에 나는 줄 수 없었다. 그러나 그는 화를 내고 욕을 퍼붓고 돈을 달라며 시비를 걸었다. 결국 그는 그 돈을 가져갔다. 그리고 며칠 만에 다 써버리고 유흥주점 외상까지 남긴 채 경찰을 통해 연락을 해왔다. 무전취식으로 또 들어간다는 연락. 나는 또 18만 원을 내줬다. 이후로도 계속되는 무전취식.

또다시. 그는 나의 마음을 이용했다. 그리고 다시 나를 찾아와 자살을 암시하는 전화를 했다. 나는 몇 번 그런 일을 겪었기에 이번에도 또 그럴 거라고 생각했다. 하지만 막상 차를 돌려 그를 찾아갔을 때 문을 두드려도 인기척이 없었다. 결국 경찰과 소방관을 불러 문을 열고 들어갔을 때 그는 정말 수면제를 삼키고 의식을 잃은 채 쓰러져 있었다. 소방관이 말하길,

"이건 진짜 위험한 상태입니다."

나는 앰뷸런스 안에서 그의 다리를 붙잡고 기도했다. "하나님, 제발 깨소금을 살려주세요." 다행히도 병원에서 위세척을 하고 의식이 돌아왔지만 그는 되레 나에게 화를 냈다. 살려 놓았다고 원망을 했다. 병원비는 400만 원이 넘게 나왔지만 나는 돈이 없어 나중에 주겠다고 했다. 그는 그날도 도망치듯 병원을 나왔다. 또 무전취식이 반복되었다.

그의 인생을 바라보며 나는 기도한다. "하나님, 왜 이 사람을 이렇게까지 안 고쳐 주시나요?" 정말 답답했다. 하나님이 왜 침묵하시는지 왜 이렇게 허망한 반복을 허락하시는지. 그러나 나는 여전히 포기하지 못했다. 아직도 어딘가에서 술에 취해 거리를 걷고 있을 그를 생각하면 내 가슴은 너무도 무겁고 쓰리다.

나는 오늘도 깨소금의 이름을 부르며 기도한다. "주님, 다시는 깨소금이 스스로를 버리지 않게 하소서. 그가 다시 당신께 돌아오게 하소서."

제32장
"이번이 마지막이길"

깨소금, 그리고 지쳐가는 나의 기도.

깨소금과 함께한 시간이 벌써 4년이 되었다. 처음엔 웃음이 많았고, "목사님, 두부에 깨소금이 없네요"라며 천진난만하게 말하던 그였지만 그 웃음은 이제 점점 사라져갔다.

어제, 나는 유치장에 있는 그를 면회하고 왔다. 또다시 무전취식. 한두 군데가 아니다. 여러 유흥주점에서 고소가 들어왔고 경찰은 수사에 착수했다. 깨소금은 경찰 전화를 피했고 결국 구속영장과 체포영장이 동시에 발부되어 구속되었다.

그는 나에게 욕을 하고 "두 번 다시 안 본다"며 떠났고 자신이 나에게 맡겨둔 돈을 가져가면서 마지막이라는 말조차 남기지 않았다.

그동안도 그랬다. 자살을 암시하는 전화를 했고 술집에서 돈을 달라는 연락이 오면, 나는 또 전화를 받고, 또 보내주고, 또 찾아가고, 또 구급차를 불렀다. 하지만 이제는 더 이상 할 수 있는 일이 없었다.
경찰도 나를 보고 한숨을 쉬었다.

"목사님 같은 분이 도와주니까 이 사람이 계속 저러는 거예요. 이건 도움이 아니라, 오히려 방조입니다."

그 말이 내 가슴을 찔렀다. 하지만... 어떻게 하겠는가. 사람 하나를 놓는다는 게 얼마나 힘든 일인지 그들은 모른다. 나는 면회실에서 그를 보았다. 무겁게 고개를 숙인 채 힘없이 앉아 있는 깨소금을 보노라니 또 가슴이 아팠다.

'이번에는 또 얼마나 살아야 할까... 이번에는 진짜 마음을 바꿀 수 있을까... 이번에는 하나님을 만날 수 있을까...'

나는 말없이 성경책 한 권을 영치함에 넣었다. 그리고 그가 나중에 필요하면 쓸 수 있도록 조금의 영치금도 넣어두었다.

그가 머물던 방에 가서 짐을 정리했다. 교회 한구석에 조용히 정리해 두고 그가 다시 올 날을 기다릴지 말아야 할지 내 마음도 모르겠다.

나는 요즘 자주 묻는다.

"하나님, 왜 이 사람을 안 고쳐 주시나요? 왜 기도에 응답하지 않으십니까?"
"깨소금은 도대체 왜 하나님을 만나지 못하는 겁니까?"

그리고 그 질문 끝에 또 한 번 눈물을 흘리며 기도한다.

"하나님, 제발... 이번에는 진짜 만나 주시옵소서. 그 어두운 감방에서라도 그 깊은 고독 속에서라도 깨소금이 진짜 하나님을 만나게 해 주세요."

나는 가끔 나 스스로가 너무 비참하게 느껴진다.

'나는 왜 이렇게까지 지치고 왜 이렇게까지 한 사람을 붙잡고 있는가.'

하나님은 나를 포기하지 않으셨다.
아무도 나를 지지해 주지 않던 시절 하나님은 내 곁에 계셨다.
그래서 나는 누구도 포기할 수 없다고 믿었다.

그런데 나는 왜 깨소금 앞에서 지쳐가는가. 왜 이 사람만 보면 이제는 두려운가. 왜 이 사람의 전화를 받을 때마다 마음이 무너지는가.

그가 이번에 긴 시간 수감될 것이라는 건 안다. 누범이고, 반복이고, 사회적 신뢰가 다 끊겼기 때문이다. 그는 더 이상 사회적 신용도 없고 누군가 대신 벌을 짊어질 수도 없다.

그러나 그 속에서라도, 그 감옥 안에서라도, 진짜 하나님을 만나기를 나는 여전히 기도한다.

나는 지치고 있지만 하나님은 지치지 않으실 분임을 알기에…

"상한 갈대를 꺾지 아니하며 꺼져가는 등불을 끄지 아니하고 진실로 정의를 시행할 것이며." (이사야 42:3)

나는 오늘도 그 이름을 불러 기도한다.

"하나님, 깨소금이 다시 일어나게 해 주세요. 이 인생을 버리지 말아 주세요.
이번만큼은, 진짜 변화가 있게 해 주세요. 제가 못하는 것을 주님이 해 주시옵소서."

그리고 다시 내 무릎을 꿇는다.

제33장

20일의 노예들

- 수급비와 잃어버린 자유

나는 이들을 사회의 한 구성원이 되게 돕고 싶었다.

서울역에서 수년간 같이 생활하며 알게 된 이들의 이름, 습관, 상처, 눈물까지도 다 꿰고 있었다.
그들이 다시 사회의 구성원이 되길 노숙자라는 이름이 아니라 시민이라는 이름으로 불리길 바랐다. 그래서 선택한 것이 '기초생활수급자' 등록이었다. 그건 말처럼 쉬운 일이 아니었다.

먼저, 주거가 없는 사람에게 주소지를 만들어줘야 한다. 작은 고시원이라도 계약을 해 주고 계약서를 준비해 동사무소에 제출해야 한다. 은행 서류, 신분증 재발급, 진단서, 장애 등록, 소득 조사… 노숙인 한 명을 수급자로 만드는 데 최소 3개월 그리고 그 3개월 동안 나는 그 사람의 손과 발이 되어 뛰어야 했다.

나는 희망했다.
"이제 방도 생기고, 매달 일정 금액이 나오니, 다시 일어서겠지."
"이제 길거리에서 자지 않아도 되니, 술도 끊겠지."
"이젠 교회에서 예배드리고, 공동체 안에서 살아가겠지."

그러나… 20일. 그날이 오면 모든 것이 바뀐다. 20일은 기초수급비가 통장에 입금되는 날이다. 그날만 되면 이 사람들의 표정이 바뀐다. 잠잠했던 사람들이 갑자기 부산해진다. 전화기를 붙들고 치킨, 족발, 피자, 양꼬치, 짜장면, 소고기까지 시킨다.

"오늘은 잔칫날이다!"

어떤 이는 서울역광장에서 20일이라고 옷까지 벗고 고래고래 소리를 지르며 춤을 추고, 어떤 이는 "오늘만은 풀어줘야지"라며 술병을 들고 알 수 없는 곳으로 사라진다.
평소엔 "목사님, 저 감사합니다. 사랑합니다"라며 눈물 흘리던 사람이 20일만 되면 사라지고, 그 돈이 다 떨어진 23일 즈음 "죄송합니다, 목사님" 하고 돌아온다.

처음엔 분노했다.
"왜 이렇게밖에 못 살아! 하나님이 기회를 주셨는데 왜 다시 길거리로 돌아가!"

하지만 나중엔... 그저 그들이 안쓰러웠다. 그들에게 20일은 해방의 날이 아니라 가장 큰 시험의 날이었다. 자유가 아니라 유혹의 문이 열리는 날이었다.

그리고 그날이 지나면 통장은 비고 몸은 무너지고 양말도 신지 못한 채 술에 절은 옷을 입고 다시 돌아온다.

"목사님… 진짜 이번엔 안 그럴게요. 근데… 이게… 이게 진짜 끊기가 힘들어요…다음 수급날에 드릴 테니 담배값하고 핸드폰비좀 부탁드립니다."

나는 속아 주었다. 그리고 또 속아 주었다. 자립이란, 속고 속이면서 배워가는 여정이라 믿었기 때문이다. 하지만 시간이 갈수록 나는 깨닫게 되었다. 기초수급이라는 제도는 생존을 보장하지만 희망까지는 보장하지 않는다.

수급자가 되면 일을 할 수 없고 통장에 일정 이상 적금도 넣을 수 없고 재산이 늘어나면 바로 수급에서 탈락한다. 그러니 이들은 스스로 자립하려는 순간 그나마 가지고 있던 '기초'마저 무너진다. 결국, 그들은 "아무것도 하지 않는 자"로 살아가는 선택을 하게 된다.

매달 20일을 기다리는 삶. 20일이 지나면 다시 침묵. 그들의 삶은 시간조차 월급날 기준으로 나뉘게 된다. 나는 그런 삶을 보며 이렇게 중얼거렸다.

"이들은 더 이상 거리의 노숙자가 아니라 제도 속에 사는 또 하나의 노숙자다..."

매달 잔치를 벌이지만 그건 진짜 잔치가 아니다. 그건 절망의 축제다. 소외된 사람들이 삶을 잊기 위해 잠시 웃는 흉내를 내는 눈물 뒤섞인 폭식과 취함의 의식이다.

내가 목사로서 할 수 있는 일은 그 축제가 끝나고 고통이 밀려오는 23일의 아침에 그들을 다시 안아주는 것이다.

그리고 매달 말이면 그들이 땅바닥에 앉아 하늘을 보며 "20일 언제 오지?"라고 중얼거리는 그 모습을 보며 나는 하나님께 이렇게 기도한다.

"여호와는 압제를 당하는 자의 요새이시오 환난 때의 요새이시로다." (시편 9:9)

주님, 이들이 20일의 노예가 아니라 예수의 제자로 살 수 있게 해 주십시오. 수급비가 이들의 영혼을 통제하지 않게 하시고 이 땅의 시스템보다 위에 있는 하나님의 나라가 그들의 삶 가운데 임하게 하소서.

속고, 다시 속아 주며 나는 오늘도 20일을 준비하고 있다. 수급날에 강타가 나간 지 한참이 되었는데 아직 연락이 없다. 강타야, 어디 있냐? 빨리 돌아와라.

제34장
무연고 장례식

서울역 한복판에서, 수많은 사람들이 스쳐간다.

그 가운데 누군가는 오늘도 길 위에서 생을 마감한다. 한때는 건강하게 웃던 얼굴이었고 함께 밥을 먹고 찬양을 나누던 형제였지만 어느 날 아침 싸늘한 주검으로 발견되곤 한다. 그렇게 나는 무연고 노숙자들의 마지막을 지켜보는 자리에 서게 되었다.

한 형제는 전날까지 멀쩡하게 웃으며 농담을 주고받던 사람이었다. 그런데 그 다음날, 경찰의 전화를 받고 병원에 가보니 이미 싸늘하게 식은 시신으로 누워 있었다. 그 형제의 주머니에는 다른 것은 없어도 내 전화번호 하나는 적혀 있었다. 그의 유서에는 '내게 무슨 일이 생기면 이상덕 목사님께 연락해 달라'는 글과 함께 마지막으로 남긴 편지가 있었다.

나는 그 유서를 보며 무너졌다. 그리고 기도했다. "주님, 이 영혼을 받아 주소서. 이 땅에서 소외받고 버림받은 자였지만 주님 나라에선 존귀하게 받아 주시옵소서."

코로나 시기부터 지금까지 그렇게 조용히 혼자서 수십 명의 무연고 노숙자 형제들의 장례를 치러 왔다. 어떤 이는 임종을 지켜보며 복음을 전할 수 있었고 "예수님 믿으세요"라고 마지막 말을 건넨 뒤

고개를 끄덕이며 영접하고 세상을 떠났다. 그런 이들의 마지막은 내게 위로였다. 하지만 어떤 이는 연락을 받고 병원에 가보니 이미 세상을 떠난 뒤였다.

조용한 장례식장, 조문객도 없이 조용히 묵도하며, 나는 기도 외에 할 수 있는 것이 없었다.

"주 안에서 죽는 자들은 복이 있도다 하시매 성령이 이르시되 그러하다 그들이 수고를 그치고 쉬리니 이는 그들의 행한 일이 따름이라 하시더라." (요한계시록 14:13)

이 말씀이 그들에게 위로가 되길 바란다. 거리에서 쓰러져 삶을 마감한 그들도 하나님 앞에서는 복된 자들로 기억되기를.

쓸쓸한 죽음을 정리하다 보면 가슴이 너무 아프다. 어제까지 웃던 얼굴이 다음날 시신으로 돌아올 때 몇 날 며칠은 그 얼굴이 떠올라 잠을 이루지 못한다. 때로는 환청처럼 그의 목소리가 들리는 것 같아 밤에 벌떡 일어나 창밖을 보게 되기도 한다.

수많은 마지막들을 함께하며 나는 배운다.

"인생은 그 날이 풀과 같으며 그 영화가 들의 꽃과 같도다." (시편 103:15)

어느 순간 사라지는 인생을 살아가는 우리가 서로에게 더 따뜻해야 한다는 것을.

그들이 왜 서울역을 떠나지 못했는지 왜 술을 끊지 못했는지 나는 안다. 그 외로움, 그 고독, 그 버림받은 삶의 무게가 얼마나 무거운지 나는 너무도 잘 안다.

그래서 나는 그들을 원망할 수 없다. 나아가 그들의 얼굴을 떠올리며 오늘도 다짐한다. "더 사랑하자. 더 낮아지자. 더 오래 품자."

그들의 이름은 세상 어디에도 기록되지 않았지만 내 마음엔 선명히 새겨져 있다. 나는 믿는다. 그들이 천국에서 웃고 있을 것을. 나를 향해 "목사님, 그때 고마웠어요"라고 말하며 찬란한 하늘의 길을 걷고 있을 것을.

그렇게 오늘도 나는 서울역으로 나간다. 아직도 길 위에서 죽음을 기다리는 누군가를 위해. 그리고 그들이 마지막 순간에 "예수님"의 이름을 부를 수 있도록 끝까지 곁에 서 있기 위해.

"나는 부활이요 생명이니 나를 믿는 자는 죽어도 살겠고, 무릇 살아서 나를 믿는 자는 영원히 죽지 아니하리니 이것을 네가 믿느냐."
(요한복음 11:25-26)

나는 믿는다. 그리고 그 믿음으로 오늘도 한 생명을 배웅할 준비를 한다. 그 길 끝에서 그를 먼저 기다리고 계실 주님을 의지하며.

서울역에서 노숙자분들이 돌아가시면 나에게 전화가 온다. 난 그들의 마지막을 배웅하며 또 눈물을 흘린다. 그리고 나도 며칠을 밥을 못 먹는다. 당연하게 내가 노숙자분들의 장례를 치르다 보니 많은 사람들은 장례를 치르는 것이 나에겐 쉬운 일인 줄 안다. 하지만 아니다.

살아계실 때 예배하고 임종 순간에 천국으로 환송하는 예배는 기쁘지만 이미 싸늘하게 식어 굳어버린 육신을 혼자 화장하고 돌아오는 길은 언제나 슬프다.

제35장
믿었던 사람들에게
받은 상처

사람은 언제 가장 쓸쓸한가. 내가 외로운 것도 아니고 돈이 없는 것도 아니다.

나를 가장 쓸쓸하게 만든 것은 내가 사랑으로 품었던 이들에게서 배신당했을 때였다. 그 아픔은 말로 다 할 수 없을 만큼 깊고 쓰렸다. 나는 억울하게 누명을 쓰고 구속되었을 때 뼛속까지 느꼈다.

내가 억울하게 누명을 쓰고 감옥에 있는 동안 내 곁에 있어 줄 거라 믿었던 사람들은 나를 헐뜯었고 오히려 나의 절박함을 이용해 협박했다. 내가 그동안 품었던 이들 끼니를 챙겨 주고 옷을 입혀 주고 차비를 내 주고 병원에 데려가고 기도해 주었던 사람들. 그들에게서 내게 돌아온 방식은 '배신'이었다.

그들은 몇만 원을 뜯어내기 위해 거짓으로 협박했고 사이버 레커에게 내가 하지도 않은 범죄를 했다고 제보하겠다며 돈을 요구했다.

나는 안다. 그들이 내가 사회적으로 무너지길 바란 건 아니었겠지만 그 순간만큼은 돈 몇 푼 앞에서 사람의 양심도 인연도 모두 파괴되었다. 나는 철창 안에서 이런 이야기들을 전해 들으며 피가 마르는 듯한 분노를 참아야 했다.

내 누나는 나 대신 내가 돌보던 사람을 챙겨줬다가 오히려 그 사람에게 협박을 당해 돈을 뜯겼다. 이건 사람이 할 짓이 아니었다. 내가 아무리 그들의 과거와 상처를 알고 있다고 해도 아무리 술이 문제였다고 해도 이건 아니다 싶었다. 그럼에도 불구하고 나는 그들을 향한 미움을 끝까지 품을 수 없었다.

왜냐하면... 내가 그들을 용서하지 않으면 내가 무너질 것 같았기 때문이다.

나는 그 배신을 껴안고 울었다. 기도했다. "하나님, 왜입니까? 왜 사랑했던 이들이 이렇게까지 저를 찌릅니까?" 그 어떤 대답도 들리지 않았다. 고요함 속에서 나는 그저 믿어야 했다. "내가 미워하지 않으면 하나님이 일하실 거야." 그 믿음 하나로 다시 무너진 마음을 붙잡고 나를 다시 일으켰다.

이유를 알고 싶었다. 왜 그들이 그렇게 되었는지. 정말 술 때문이었는지 정말 정신이 아파서였는지. 하지만 아무리 이해하려 해도 이해되지 않았다. 나의 도움을 먹고 나의 기도로 살아났던 사람들이 나의 고통을 외면하고 그 순간을 기회 삼아 내 등을 쳤다는 것이.

그날 이후로 나는 사람을 쉽게 믿지 않게 되었다. 그러나 동시에 더

제35장 믿었던 사람들에게 받은 상처

깊이 사랑하게 되었다. 다시는 기대하지 않되 다시는 사랑을 놓지 않기로 결심했기 때문이다.

내가 그들을 용서한 것은 그들이 달라졌기 때문이 아니다. 내가 살아야 했기 때문이다. 용서하지 않으면 나의 영혼이 죽을 것 같았다. 그 쓸쓸함은 말할 수 없이 크고 깊은 밤처럼 나를 감싸 안았지만 나는 하나님 앞에서 다시 고백했다.

"하나님, 저를 찢고 떠난 사람들을 용서합니다. 저를 팔고 저를 조롱하고 저를 이용한 그들을 용서합니다. 주님이 저를 먼저 용서하셨으니 저도 그렇게 하겠습니다."

예수님도 그랬다. 배신한 베드로를, 은 삼십에 팔아넘긴 유다를, 십자가 곁에서 도망간 제자들을 다 안고 가셨다. 그 길 위에 나도 지금 서 있는 것이다.

그래서 오늘도 나는 또 다른 배신과 오해를 감당하며 묵묵히 그 길을 걷는다. 사람을 원망하지 않고 상처를 핑계 삼지 않고 다시 품기 위해. 그 길 끝에서 주님이 나를 '충성된 종'이라 불러 주시기를 나는 오늘도 조용히 바라본다.

제36장

거짓을 뚫고
들어가는 진실

나는 수년 동안 노숙자와 출소자들과 함께 살아왔다.

그들 중 대부분은 알코올중독자였다. 의학적으로도, 사회적으로도, 영적으로도 그들은 술 없이는 단 하루도 살 수 없는 사람들이었다.

처음엔 몰랐다. 왜 이 사람은 날마다 말을 바꾸고 진심으로 도와주려는 나에게조차 말도 안 되는 거짓말을 하는 걸까.

"목사님, 우리 어머니가 돌아가셨어요. 오늘만 술 한 병 마시게 놔두세요."

"목사님, 제가 진짜로 오늘만 딱 마시고 끊을게요. 내일부터 금주 다짐할게요. 정말이에요."

나는 믿었다. 아니, 믿고 싶었다. 그 사람의 눈물 그 사람의 표정 그 모든 게 너무나 진짜 같았기에. 하지만 몇 번, 아니 수십 번을 겪고 나서야 깨달았다. 술을 마시기 위해서라면 그들은 어떤 말도 만든다. 사람의 마음도, 관계도, 심지어 하나님 이름까지도 팔아넘긴다.

그중 어떤 이는 이렇게 말했다.

"내가 하나님을 믿는데, 하나님도 한 잔은 허락하실 거예요."

어떤 이는 사람들에게 이렇게 말했다.

"이 목사가 내 돈을 안 준다!"
"내가 저 사람한테 맞았다!"
"자기 마음대로 나를 가뒀다!"

없는 사실을 진짜처럼 이야기하고 자신이 피해자인 양 조작한다. 처음 듣는 사람들은 믿는다. 목사가 노숙자를 괴롭힌다며 분노하는 이도 있었다. 유튜브에 악플을 남기고, 전화를 걸어 항의하는 사람도 있었다.

그러나 시간이 지나 진실은 결국 드러난다. 술에서 깨면 그들도 안다. 자신이 무슨 짓을 했는지 그러나 이미 관계는 무너지고 신뢰는 금이 간다. 그럼에도 불구하고, 나는 그들을 포기하지 않았다. 왜냐하면, 나는 알고 있었기 때문이다. 그 거짓의 중심에는 '절망'이 있고, 그 절망의 근원에는 '외로움'이 있다.

그리고 그 외로움의 구멍을 술로 채우지 않으면 견딜 수 없는 고통이 있다는 것을. 술은 위로의 대체물이다. 가짜 위로이고 독이고 결국 죽음의 길이지만 그들에게는 유일한 감정 해소의 창구다.

술을 끊기 위해서는 의지도 필요하지만 그보다 먼저 사랑이 필요하고 하나님의 말씀이 필요하다. 나는 그렇게 믿는다.

제36장 거짓을 뚫고 들어가는 진실

"술 취하지 말라 이는 방탕한 것이니 오직 성령으로 충만함을 받으라." (에베소서 5장 18절)

사람들은 흔히 말한다.
"술을 끊으려면 의지를 가져야지."
"자기 자신과 싸워야지."
하지만 그들의 싸움은 '의지'만으로는 이길 수 없는 전쟁이다. 그들은 하루하루 보이지 않는 악령과 싸운다. 술병 속에는 도망치고 싶은 인생 잊고 싶은 기억 용서받고 싶은 죄가 들어 있다.

그래서 나는 오늘도 술병을 든 그들에게 십자가를 들려주려 애쓴다. 오늘도 어떤 이는 술에 취해 "목사님 나가! 나 다 알아!"라고 소리친다.
오늘도 어떤 이는 또 하나의 거짓말로 나를 시험한다. 그러나 나는 믿는다. 하나님은 한 영혼도 포기하지 않으신다. 나는 그들이 술에서 해방되는 날을 꿈꾼다.
술 없이도 웃고, 술 없이도 기도하고, 술 없이도 사랑을 말할 수 있는 그날을.
그날이 오기까지 나는 속아 주고 또 속아 줄 것이다. 왜냐하면 복음은 거짓을 뚫고 들어가는 진실이기 때문이다.

제37장

시기와 질투의 화신

질투와 시기로 인해 끝없이 이어지는 상처와 아픔들은 노숙자들과 출소자들 사이에서는 일상이다.

처음엔 몰랐다. 그동안 나는 어쩌면 이 세상에서 가장 많이 버려지고 가장 외롭고 가장 사랑에 목마른 사람들과 함께 살아왔다.

그들과 함께 밥을 먹고, 같은 방에서 잠을 자고, 겨울엔 이불을 덮어 주고, 여름엔 땀을 닦아 줬다. 그런데 이상했다. 한 사람이 새로 들어오고 그 사람에게 내가 조금이라도 따뜻하게 대하면 기존에 있던 사람이 변하기 시작했다.

겉으로는 멀쩡한 척 "목사님 좋죠~ 다 이해하죠~"하면서 웃지만 그 웃음 뒤엔 화산처럼 끓고 있는 시기와 질투가 있었다.

어느 날은 가출을 했고, 어느 날은 혼자 술을 퍼마셨고, 어느 날은 사고를 치고 경찰서에 들어갔다. 가장 충격적이었던 건 자살을 시도한 사람도 있었다. 그들의 말은 늘 같았다.

"목사님, 저 버린 거죠?"
"그 사람만 좋아하잖아요."
"나는 이제 필요 없어요."

나는 그 누구도 버린 적이 없었다. 진심으로 사랑했고 포기하지 않았다. 그러나 그들의 눈에는 내가 "다른 사람에게 뺏긴" 사람처럼 보였던 것이다.

어느 날, 술에 취해 나에게 험담을 퍼붓던 한 형제가 다음 날 아침 나에게 이렇게 말했다.

"목사님, 죄송해요. 저도 그냥... 사랑받고 싶었어요."

그 말을 듣고 나는 눈을 감았다. 그들의 질투는 미움이 아니라 외침이었다.
"나 좀 안아주세요. 나도 누군가에게 특별한 존재이고 싶어요."

그들의 마음은 유리 조각처럼 깨져 있었다. 어린 시절 부모에게서 사회로부터 감옥에서 거리에서 끊임없이 버려지고 거절당하고 비교당하며 살아온 그들. 그러니 누군가 조금이라도 더 사랑받는 것처럼 보이면 그건 곧 "나는 또다시 버림받는다"는 신호로 받아들인다.

이런 질투는 단순한 감정 문제가 아니다. 영혼 깊은 곳에 새겨진 '상처의 본능'이다.

그래서 그들은 술에게로 도망친다. 자기 파괴적인 행동을 한다. 심지어 나를 비방하고 없는 사실을 지어낸다.

"목사님이 내 돈을 주지 않는다."
"저 사람은 목사님한테 뇌물 줬다."
"목사님이 나만 미워한다."

거짓말은 마치 진실처럼 흘러 다녔고 나는 가슴을 치며 기도할 수밖에 없었다. 그러나 나는 알았다. 이 모든 행동 뒤엔 "사랑받고 싶은데 또 상처받을까 봐 먼저 공격하는 마음"이 숨어 있다는 것을. 그들의 사랑은 조건적이었다.
"나만 사랑해 주세요."
"나한테만 잘해 주세요."
"다른 사람한테 웃지 마세요."
"목사님하고 둘이서만 살고 싶어요."

그러나 그건 결국 고통의 시작이다. 사람에게 사랑만 받으려 하면 반드시 상처받게 되어 있다. 왜냐하면, 사람의 사랑은 변하고 사람의 마음은 한계가 있기 때문이다. 그래서 나는 그들에게 이렇게 말한다.

"내 사랑은 작고 부족합니다. 그러나 예수님의 사랑은 완전하고,

영원하며, 변하지 않습니다."

"내 부모는 나를 버렸으나 여호와는 나를 영접하시리이다." (시편 27:10)

그들은 한때 부모에게 버려졌고, 배우자에게, 사회에게, 법에게 버림받았다. 그러나 주님은 그들을 절대로 버리지 않으신다.

나는 오늘도 다투고 질투하고 술에 취해 욕을 퍼붓는 그들에게 조용히 말한다.

"형제님, 저는 당신을 사랑합니다. 그러나 더 중요한 건 하나님께서 이미 형제님을 더 많이 사랑하고 계십니다."

그 말을 듣고 엎드려 우는 이도 있고 웃으며 또 거짓말하는 이도 있다. 그러나 나는 안다. 그 말은 언젠가 그들의 심장을 뚫고 들어갈 것이라는 걸.

질투와 시기, 거짓과 분노, 그 모든 뒤틀린 감정 뒤에는 "하나님의 사랑이 자리할 공간이 아직도 있다는 증거"가 있다. 그날을 기다리며 나는 오늘도 또 하나의 '사랑의 오해'를 품고 산다. 그리고 제발 시기하고 질투하지 않게 해 달라고 기도한다. 요즘에는 이제 새로 누가 오면 불안하고 눈치까지 보인다. 요즘도 매일 우리 교회안에 시기 질투로 실족하고 무너진 형제가 다시 나오지 않길 진심으로 기도하게 된다.

제38장
건드리면 죽인다

서울역 지하도에는 추운 겨울이 되면 텐트들이 쳐져 있다. 힘 있는 노숙자들이 누리는 특권이기도 하다. 누가 준 것도 허락받은 것도 아니다. 그곳은 말 그대로 거리의 왕국. 오랜 생존자들만이 자기 자리를 차지하고 살아남을 수 있는 곳이다. 그중 유난히 강한 경고문으로 도배된 텐트 하나가 있었다.

"건드리면 죽인다."
"조용히 지나가라."
"시끄럽다. 꺼져라."
"난 안 먹는다."

붉은 매직으로 휘갈겨진 말들이 마치 칼날처럼 텐트를 감싸고 있었다. 나는 몇 번이고 그 앞을 지나쳤다. 마음속엔 늘 부담이 있었다.
"괜히 건드렸다가 시끄러울 필요는 없으니까…"
"싸움을 만들지 말자…."

하지만 어느 순간 이상하게 자존심이 상했다. "내가 서울역 이 목사인데 이런 글 몇 마디에 뒤로 물러서야 하나?" 그래서 나는 조심스레 텐트 앞에서 말을 걸었다.

"저… 혹시 안에 계신 분 괜찮으세요?"

"제가 음식을 나누러 다니는 사람입니다. 필요하시면 드릴게요."

아무 대답도 없었다. 다음날도 또 다음날도. 여전히 침묵뿐이었다. 그런데 마음이 불편했다. "혹시 안에 쓰러져 있거나 죽어있는 건 아닐까?"

불안감에 나는 결국 조용히 텐트를 열었다.

그 순간, 나는 말을 잃었다. 험악한 노숙자의 얼굴이 아니라 아가씨 같은 20대 초반의 어린 소녀가 그 안에서 웅크린 채 떨고 있었다.

그녀는 나를 보자마자 벌떡 일어났다. 공포와 당황 수치심이 눈빛에 섞여 있었다. 나는 다급히 손을 들었다.
"괜찮아요, 나 목사예요. 그냥... 너무 걱정돼서요. 미안해요. 정말 미안해요."

그 소녀는 내 시선을 피하며 작은 목소리로 말했다.

"그냥... 여기가 더 안전해서요. 무섭기도 하고, 누가 건드릴까 봐... 그냥 혼자 지내고 싶었어요."

알고 보니 그녀는 어린 시절부터 아버지의 폭력과 학대에 시달리다 가출을 반복하며 거리로 나와 서울역까지 흘러들어온 아이였다. 경고문은 세상을 향한 경계이자 비명이었다.

"나를 건드리지 마. 나는 상처받기 싫어. 제발 그냥 가."

그녀가 말하길 새벽이면 몰래 나와 다른 노숙자들이 남긴 음식을 조심스럽게 챙겨 다시 텐트로 들어와 먹는다고 했다. 그 누구에게도 들키고 싶지 않은 세상으로부터 완전히 숨고 싶은 아이. 나는 말없이 그 아이를 바라보다 말했다.

"형편이 괜찮으면 내가 쪽방 하나 얻어줄게요. 너무 위험하잖아요. 이런 곳에서 이러고 있으면 안 돼요."

그녀는 말없이 고개를 끄덕였다. 나는 함께 차를 타고 쪽방을 알아보러 갔다. 그리고 중간에 은행에 들러 현금 50만원을 인출했다.

생활비도 20만 원 정도 챙겨 쪽방 보증금과 생활 준비를 도와주려 했다.

그런데... 차에 돌아왔을 때 내 장지갑이 사라져 있었다. 현금은 많지 않았다. 5만 원도 채 되지 않았다. 하지만 그 지갑 안에는 내 신분증, 은행카드, 출입증, 면허증 등 내 사역과 삶을 유지하는 모든 열쇠가 들어 있었다. 나는 멍하니 운전대에 앉았다. 믿고 싶었다.

그 아이가 아닐 거라고. 그럴 리 없다고. 그러나 상황은 말해 주고 있었다. 그녀는 내 믿음을 감당할 수 없었고 세상은 그녀를 감당하지 못했으며 결국 또 하나의 작은 배신의 조각이 내 손에 남았다.

나는 분노하지 않았다. 다만 깊이 허무했다.

"나는 진심이었는데…"
"그 아이는 세상 누구도 믿지 못했구나."

믿고 싶지 않아서 떠난 것이 아니라 믿을 수 없는 세상에서 살아남는 법을 그렇게 배운 아이.
그날 이후 나는 내 지갑을 항상 손에 들고 다닌다. 차에서 내릴 땐 항상 챙긴다. 습관이 되었다. 마음의 습관까지 바꿔어버렸다.

하지만… 나는 여전히 믿는다. 사랑은 손해를 감수하는 것이다. 그리고 주님은 손해 속에서도 사랑을 멈추지 않으셨다.

"우리가 아직 죄인 되었을 때에 그리스도께서 우리를 위하여 죽으심으로 하나님께서 우리에 대한 자기의 사랑을 확증하셨느니라."
(로마서 5:8)

나는 그날 이후에도 다시 다른 이들을 도왔다. 다시 마음을 열었고 다시 속기도 했다. 그러나 그 모든 순간 내가 배운 한 가지는 이것이다. 진짜 사랑은 상처받을 각오를 하는 것이다. 그리고 그 상처 위에 주님의 은혜가 흘러야 비로소 치유가 시작된다. 은혜가 없이는 올바로 치유되지 않는다. 잠시 죄에서 떠날 수는 있어도 죄에서 완전 해방되지 못한다.

제39장
단벌 양복

"예전에는 돈이 많았지만 불행했고 지금은 가진 것 없지만 매일이 행복하다."

방송을 하다 보면 생각지도 못한 전화가 올 때가 있다. 정말 순수한 마음으로 "목사님 힘내세요!", "항상 기도합니다!"라고 응원해 주는 분들도 많다. 하지만 때때로 엉뚱한 상담 전화도 걸려 온다.

"목사님 제가 최근에 집을 샀는데 집값이 떨어지고 있어요. 어떻게 하죠?"
"전세금 7천만 원에 월세 30만 원 내는데 너무 힘들어요…"

나는 뭐라 말해야 할지 모르겠다. 진심으로 힘든 분들이라는 건 알지만 나 역시 그런 걱정을 할 처지가 못 되기 때문이다. 나는 지금도 보증금 하나 없이 월세 50만 원짜리 건물에서 교회 겸 주거공간으로 사용하며 지내고 있다. 그리고 그 안에 노숙자 형제 출소자 형제들이 함께 산다.

내 방은 항상 사람들로 붐비고 냉장고는 거의 노숙인 형제들의 음식을 먼저 채운다. 가끔은 내 자신이 먹을 음식도 남지 않는다. 그럼에도 불구하고 이 삶이 너무 감사하다.

방송을 하다 보면 사람들은 내가 후원도 많이 받고 돈도 여유 있게 쓰는 줄로 안다. 하지만 현실은 다르다. 오늘 병원 가야 할 사람이 생기고 내일은 약값이 급하고 모레는 생활용품이 떨어지고 그다음 날은 쌀이 떨어진다. 수개월째 카드값을 못내서 리볼빙 시켜서 쓰고 있다.

내 이름으로 된 재산도 예금도 없다. 나는 몇 년째 같은 양복 한 벌을 입고 있다. 여름에도 겨울 양복을 입고 다닌다. 그걸 아신 독자 한 분이 정성스럽게 양복을 하나 사서 보내 주시기도 했다. 정말 큰 감동이었다. 그럼에도 불구하고 나는 하루하루 마음이 편하다.

예전 조폭 생활을 할 때는 돈이 있었지만 늘 불안했고 사람을 의심하며 살았다. 외로웠고 마음이 항상 허전했다. 하지만 지금은 단벌 양복을 입고 단칸방에서 노숙자들과 함께 자면서도 마음이 참 편하다. 기뻐할 일이 많고 감사할 일도 많고 무엇보다 진짜 가족 같은 사람들이 곁에 있다.

그들이 나를 속이기도 하고 가출하기도 하고 밤새 술 마시고 돌아오기도 하지만 나는 그 안에서 예수님의 사랑이 얼마나 귀한지를 느낀다.

"그러나 자족하는 마음이 있으면 경건은 큰 이익이 되느니라." (디모데전서 6:6)

나는 더 이상 부자가 되고 싶은 욕심이 없다. 내가 돈을 가진다고 해도 결국 다시 사역비로 다 나간다는 걸 잘 안다. 돈보다 중요한 건 매일의 '사명'이다. 그 사명이 나를 살리고 그 사명이 나를 웃게 하고 그 사명이 오늘도 지친 누군가를 끌어안게 만든다.

사람들은 내가 방송을 하고 유튜브를 하니까 "목사님은 이제 유명인"이라고들 말한다. 하지만 나는 서울역에서 무릎 꿇고 술에 취한 형제의 구토를 닦아 줄 때 그 순간이야말로 내가 가장 목사다운 시간이라고 믿는다. 그리고 지금 이 순간에도 단벌 양복 위에 묻은 눈물과 땀 그 냄새마저도 나는 사랑한다. 왜냐하면 이 양복은 누군가를 살린 옷이었고 이 발걸음은 누군가를 안아준 길이었기 때문이다.

제40장

서울역을
벗어난 사람들

"내가 한 것이 아니라 하나님이 하신 일이다."

사역을 하다 보면 항상 듣게 되는 말이 있다.

"이 목사랑 같이 있었던 사람들 중에 잘된 사람이 한 명이라도 있냐?"

"어차피 다 다시 서울역으로 돌아가더라."

"변화된 척만 하다 다시 술 마시고 사고 치더라."

안티들은 통계처럼 말하고 세상의 시선은 숫자로 평가하려 한다. 하지만 하나님은 영혼을 숫자로 계산하지 않으신다. 나는 감히 말할 수 있다. 내가 함께했던 사람들 중 대부분은 서울역으로 다시 돌아가지 않았다. 물론 그들이 지금 대통령이 된 것도 아니고 대기업에 취직한 것도 아니다. 아직도 가끔 사고를 치고 술을 마시고 자기 자리를 못 지킬 때도 있다. 그러나 중요한 것은 그들이 아직 살아 있다는 것이다.

그리고 "서울역의 차가운 아스팔트 위에서 벌써 숨졌을지도 모를 사람들"이 지금은 적어도 '사회의 한 구성원'으로 살아가고 있다는 사실이다.

　서울역 노숙자 생활을 벗어나는 것은 확률적으로 거의 '제로'에 가깝다. 길 위에서 1년, 3년, 5년을 지내면 그 삶은 뿌리처럼 굳어진다. 거기에 알코올중독, 정신질환, 범죄 전력까지 겹치면 사회는 그들을 완전히 포기해 버린다.

　"도움받을 자격조차 없다"고 여긴다. 하지만 나는 포기하지 않았다. 그리고 그들도 나와 함께 버티고 넘어지고 다시 일어섰다.

　지금 그들은 어디선가 고시원에서, 쪽방에서, 혹은 한 작은 일터에서 삶을 이어가고 있다.

　세상은 그것을 실패라고 말할지 모른다. 하지만 나는 안다. 그건 '기적'이다. 하나님이 하신 일이다. 나는 감히 말하지 않는다. "내가 했다"고. 내가 위대해서, 설득을 잘해서, 믿음을 심어서 그런 결과가 나왔다고 말하지 않는다. 나는 그저 옆에 있었을 뿐이다. 하나님께서 그들을 서울역의 지옥 같은 삶에서 건져내셨다.

　그분이 아니고는 설명할 수 없는 일들이 지금 내 주위에서 계속 벌어지고 있다.

"여호와께서 집을 세우지 아니하시면세우는 자의 수고가 헛되며…" (시편 127편 1절)

나는 지금도 매일같이 누군가가 서울역으로 다시 가지 않도록 기도하고, 설득하고, 기다린다. 그리고 어떤 날은 또 한 명이 무너지고 어떤 날은 또 한 명이 돌아온다. 그 삶은 불완전하다. 그러나 그들 안에는 예전엔 없었던 '복음의 씨앗'이 심어져 있다.

내가 할 수 있는 건 흙을 파고 물을 주는 일뿐이다. 자라게 하시는 분은 오직 하나님이시다.

제41장

노숙자 찬양대회, 그날 복음이 울려 퍼지다

"빵은 복음의 문을 여는 열쇠였고 찬양은 그 문을 여는 목소리였다."

서울역에서 수많은 사람들에게 음식을 나눠줬다. 좋은 일이었다. 따뜻한 일이었다. 하지만 어느 날부터인가 마음속에 질문이 생겼다. '내가 나눠주는 것이 정말 이것뿐이면 안 되지 않나. 이 빵을 통해 복음의 문이 열려야 하지 않나.' 음식은 복음의 시작점이다.

굶주린 영혼에게는 밥 한 끼가 하나님의 손길처럼 느껴지기도 한다. 하지만 진짜 목적은 따로 있다. 복음을 전해야 한다. 영혼이 살아야 한다.

"너희는 그 은혜에 의하여 믿음으로 말미암아 구원을 받았으니, 이것은 너희에게서 난 것이 아니요 하나님의 선물이라 행위에서 난 것이 아니니 이는 누구든지 자랑하지 못하게 함이라." (에베소서 2:8-9)

그래서 고민하기 시작했다. 음식 나눔 시간은 전쟁터인데 예배 시간은 너무 조용했다. 뭔가 바꿔야 했다. 뭔가 이들의 마음을 열 새로운 방식이 필요했다. 그때 문득 떠오른 게 있었다.

노래자랑. 처음엔 단순한 생각이었다.

"예배 전에 노래자랑 한번 해볼까?"

놀랍게도 반응이 좋았다. 사람들은 마이크 앞에 서고 싶어 했다. 노래를 부르며 웃고, 박수를 받고, 자신이 '살아 있구나' 하고 느끼고 싶어 했다. 그날 처음 무대에 오른 한 형제가 말했다. "목사님, 저 노래는 못하는데요... 찬송가 한 곡 불러도 돼요?" 웃으며 대답했다.

"찬송 부르면 점수 많이 드려요!"

그 말을 듣고 진짜로 찬양을 준비한 사람들이 하나둘 나타났다. 그렇게 노래자랑은 서서히 '노숙자 찬양대회'로 변해갔다.

1년에 두 번 수많은 노숙자들이 찬양을 준비해 온다. 누구는 가사를 손에 적어 오고 누구는 박자를 외우며 며칠을 연습해 온다. 마이크를 잡은 손이 떨리고 목소리가 갈라져도 그들은 온 마음을 다해 하나님을 노래한다.

기억난다. 어느 겨울이었다. 한 노숙 형제가 찬송가 288장 '예수를 나의 구주 삼고'를 부르며 눈물을 흘렸다. 그날 그 형제가 내게 한 말.

"목사님... 저 찬송 부르다가 처음으로... 내가 죄인이구나, 느꼈어요."

나는 속으로 외쳤다.

"하나님, 감사합니다. 드디어 복음이 이 형제의 마음에 닿았습니다."

이제는 찬양대회가 서울역의 전통이 되었다. 무대는 거창하지 않다. 광장 한켠 지하도 모퉁이 스피커 한 대, 마이크 한 개. 하지만 그곳에서 울려 퍼지는 노래 한 곡은 기도가 되고 회개의 눈물이 되고 복음의 씨앗이 된다.

"너희는 온 천하에 다니며 만민에게 복음을 전파하라." (마가복음 16:15)

그 말씀을 가슴에 품고 나는 마이크를 들고 광장에 섰다. 복음을 노래로 뿌렸다. 사람들은 물었다.
"목사님, 그거 해서 뭐가 달라져요?"

나는 대답했다.
"한 영혼이 하나님께 돌아오면 하늘에서는 잔치가 벌어집니다. 그 한 명을 위해서라면 나는 수십 번의 노래자랑도, 수백 개의 빵도, 기꺼이 감당할 수 있습니다."

오늘도 나는 서울역에서 찬양대회를 준비한다. 복음이 울려 퍼질 그 순간을 기다리며, 마음속으로 기도한다.

"하나님, 오늘 이 노래 가운데 한 영혼이 예수님을 만나게 하소서."

제42장

가족이 되어 주는 복음

"노숙자와 출소자들과 함께 살아 주는 것, 그것이 나의 사역이다."

서울역광장을 처음 걸었던 날이 아직도 생생하다. 광장 한켠에 앉아 있던 사람들. 그들의 눈은 흐리멍덩했고 몸은 떨렸으며 어떤 이는 조용히 중얼거리며 자기 자신과 싸우고 있었다.

나는 빵을 들고 다가갔다. 어떤 이는 고맙다며 받았고 어떤 이는 욕을 했고 어떤 이는 고개조차 들지 않았다. 그 순간 문득 깨달았다. 이 사람들에게 지금 필요한 건 빵이 아니구나. 이 사람들은... 가족이 필요하구나.

그날 이후 나는 단순히 거리에서 빵만 나눠주는 사람이 아니라 노숙자와 출소자들과 함께 살아가는 사역자가 되기로 결심했다. 그 결심은 쉽지 않았다. 씻지 않아 악취가 나는 형제들과 한방에서 잠을 자고 밥을 하고 반찬을 나눠 먹고 술에 취한 사람들의 주정과 욕설을 들으며 밤을 새우는 일이었다.

하지만 그렇게 하루하루를 함께 살다 보니 그들은 더 이상 '사역 대상'이 아니었다. 형제였고 가족이었다. 사람들은 말했다.
"그냥 예배만 같이 드리면 되지 않나요?"
"지나가며 기도해 주고 음식 나눠주는 걸로도 충분하지 않나요?"
"꼭 같이 살아야 하나요?"

나는 그들에게 대답하지 않았다. 말대신 행동으로 함께하며 함께 살아냈다. 같이 자고 같이 먹고 같이 싸우고 같이 용서하며 가족이 되어 주었다.

복음을 전할 수 없는 사람들이 있다. 설교를 들어도 기억하지 못하고 예배를 드려도 변화되지 않는 사람들이 있다. 그들에게 필요한 건 '예수처럼' 살아 주는 사람이다. 그 곁에 있어 주는 사람. 가족처럼 함께하는 사람.

서울역을 지나다가 음식을 건네고 떠나는 사역자들 그들의 수고와 사랑도 귀하고 존귀하다. 하지만 누군가는 이 길 위의 사람들과 함께 살아야 한다. 누군가는 이들의 가족이 되어야 한다.
나는 그 사역을 지금 5년째 하고 있다. 내 모든 것을 내려놓았다. 사생활도 안정도 미래도 심지어 나 자신에 대한 꿈까지도 잊고 살았다.

지금 내가 살아야 할 이유는 단 하나 이 사람들과 함께 있기 위해서다. 나에게 가족은 서울역 광장에서 만난 형제들이고 거리에서 술에 취해 울던 자매들이며 교도소에서 눈물로 회개하던 재소자들이다.

그들은 가끔 내게 말한다.
"목사님은 진짜 가족 같아요."

"어릴 때 우리 아빠가 이렇게 해 줬다면 내 인생은 달랐을 거예요."

그 말을 들을 때마다 내 안에서 깊은 통곡이 올라온다.

"하나님, 이 사람들에게 내가 복음이 되어 살게 해 주세요. 예수님의 사랑을 온전하게 전하게 하여 주세요. 오늘도 나를 살게 하셔서 감사합니다."

이것이 내 사명이다. 화려한 교회당도 없고 훌륭한 시스템도 없고 편안한 안식도 없다. 하지만 나는 믿는다. 지금 이 자리야말로 가장 예수님 가까운 자리라고.

"그러므로 누구든지 이 어린아이와 같이 자기를 낮추는 사람이 천국에서 큰 자니라." (마태복음 18:4)

나는 오늘도 세상에서 가장 낮은 곳에서 복음의 식구들과 함께 천국을 기다리고 있다.

제43장

왜 이들은 술에서 벗어나지 못하는가

"그들의 마음을 움직이는 것은 오직 복음뿐이다."

혼자 있는 시간이 많아질수록 내 안에는 늘 같은 질문이 맴돈다.

왜 이들은 술에서 벗어나지 못하는가. 왜 다시 무너지는가. 왜 내 기도는 아직도 응답되지 않는가.

수없이 물었고 수없이 싸워왔다. 한 사람의 회복을 바라며 밤새 곁을 지키고 수십 번을 설득하고 같이 찬양하고 같이 밥을 먹고 예배하고 눈물을 흘렸다.

그 모든 시간의 끝에 기대했던 단어 하나,
"변화."

하지만 어느 날 그 단어는 다시 술병 옆에 무너져 있었다.

그들은 내 앞에서는 술을 안 마신다. 금식이라도 하듯 입을 굳게 닫고 미안하다고 수없이 반복하고 예배에도 참석한다.

그러나 어느 날 문득 사라지고 골목 어귀에서 술에 취한 채 비틀거리며 다시 내게 돌아온다.

"목사님... 죄송합니다. 이번에도 못 지켰어요. 너무 힘들어서요..."

그 말을 들을 때마다 심장이 찢어지는 것 같다. 가슴이 아니라 영혼이 찢기는 느낌이다. 하지만 그들을 정죄할 수 없다. 왜냐하면 그들이 얼마나 약한 사람들인지 얼마나 혼자 싸워왔는지 내가 누구보다 잘 알고 있기 때문이다.

이들은 술이 좋아서 마시는 게 아니다. 살고 싶어서 마시는 것이다. 생각을 멈추고 싶고 기억을 지우고 싶고 누구 하나 내 편이 없는 세상에서 유일하게 손에 잡히는 게 술뿐이기 때문이다.

나는 그런 사람들을 5년 넘게 지켜봐 왔다.

"그만 마셔."
"이제 그만하자."
말해도 소용없다. 의지로 이길 수 있는 싸움이 아니다.

이것은 병이다. 정신의 병이고 영혼의 병이다. 자기 존재를 싫어하게 만든 세상의 병이다.

이 병을 고칠 수 있는 건 약도 치료도 상담도 아니다. 오직 하나.

"복음밖에 없다."

"하나님의 말씀밖에 없다."

"그리고 중보의 기도밖에 없다."

"우리의 씨름은 혈과 육을 상대하는 것이 아니요 통치자들과 권세들과 이 어둠의 세상 주관자들과 하늘에 있는 악의 영들을 상대함이라." (에베소서 6:12)

나는 매일 기도한다.

"하나님 저 사람의 내면에 계신 성령님, 다시 한번 움직여 주세요."

"하나님 저 사람이 다시는 술을 붙잡지 않고 성경을 붙잡게 해 주세요."

"하나님 저 사람이 알코올이 아니라 주의 이름에 취하게 해 주세요."

수십 번 넘어지고 백 번 무너져도 나는 다시 무릎을 꿇는다. 그들이 회복될 때까지 나는 기도하는 사람이 되기로 다짐했다. 그게 내가 할 수 있는 전부이자 가장 강력한 일이기 때문이다.

세상은 말한다.

"그런 사람들 그냥 두세요."
"이미 끝난 인생입니다."
"왜 그렇게 힘들게 사세요?"

나는 말한다.

"하나님은 단 한 영혼도 포기하지 않으신다. 그리고 그 하나님을 믿는 내가 어떻게 포기할 수 있겠는가."

내가 만나는 사람들은 이미 세상에서 포기 당한 사람들이다. 가족에게 버림받고 직장에서 쫓겨나고 사회에서 지워진 이름들. 하나님은 그런 그들을 내게 붙이셨다. 왜냐하면 누군가는 예수님의 마음으로 끝까지 그들을 끌어안아야 하기 때문이다. 나는 오늘도 묻는다.

"왜 이들은 술에서 벗어나지 못하는가?"

그리고 그 질문의 끝에서 다시 고백한다.

"그럼에도 불구하고 나는 기도할 것이다. 그 한 사람의 회복을 위해 오늘도 십자가를 붙들겠다."

제44장

멈춰버린 꿈, 그러나 사라지지 않은 비전

"비전은 현실에 가로막힐 수는 있어도 사라지지 않는다."

내게는 오래전부터 꿈이 하나 있었다. 서울역에서 함께했던 이들과 함께 시골로 내려가 땅을 일구고, 염소도 키우고, 오골계도 기르며, 자급자족하며 살아가는 삶.

이들이 직장을 다니는 건 현실적으로 불가능하다. 범죄 이력, 알코올중독, 낮은 자존감, 사회 공포증까지 겹친 형제들에게 정규직이란 그저 뉴스에 나오는 말이었다. 그래서 생각했다.

"우리가 스스로 일터를 만들자. 우리가 스스로 살 땅을 일구자."

나는 양평군청에 찾아가 농지 임대 신청을 했다. 몇 번이고 이곳 저곳에 비어있는 땅을 알아보고 행정서류도 작성하고 사역을 돕는 분들과 팀도 구성했다.

모든 준비는 끝났지만 단 하나가 문제였다. '술'.

그들과 함께 새로운 땅을 향해 나아가는 그 시간 동안에도 형제들은 술에 취해 있었다. 어제의 약속은 오늘 아침이면 잊혀졌고 거짓말을 밥 먹듯 하고 서로를 욕하고 경찰이 교회 안을 드나드는 날이 하루걸러 하루였다.

　나는 농장을 만들고자 했지만 그들은 여전히 서울역에 묶인 마음을 벗지 못하고 있었다. 그럼에도 나는 희망을 놓지 않았다. '유튜브 주말농장'이라는 새로운 계획을 세웠다. 구독자들이 오지 않아도 온라인으로 자신만의 텃밭을 실시간으로 지켜보고 댓글로 "상추에 물 주세요" 같은 요청을 남기면 우리 공동체 형제들이 직접 관리해 주는 방식이었다.
　그 수익으로 염소와 닭을 기르고 형제들에게 소정의 급여를 주고 조금씩 자립의 기반을 쌓아가고자 했다.

　그런데 시간이 갈수록 그 계획은 무너졌다. 술은 내가 예측하지 못한 가장 큰 변수였고 사람은 쉽게 변하지 않았고 나는 점점 계획과 현실 사이에서 지쳐갔다.

　그런데 어느 순간부터 그들이 나를 원망하기 시작했다.

"염소 키우기로 했잖아요. 왜 안 사줘요?"
"오골계 키운다더니, 사기예요?"
"땅 빌린다며, 거짓말했어요?"

가슴이 찢어졌다. 정작 그 누구보다 그들의 미래를 위해 애쓴 사람이 나였는데 이제는 그들의 실망의 대상이 되었다. 나는 묵묵히 기도했다.

"하나님, 이건 저의 계획이었나요, 아니면 주님의 뜻이었나요? 제가 너무 앞서간 건 아니었나요?"

그리고 깨달았다. 이 계획은 당장은 현실에서 실패했지만 그 꿈이 죽은 것이 아니라는 것. 나는 결심했다. 이 꿈을, 책으로 먼저 세우기로.

"서울역 이목사의 극한사역 노숙자와 출소자 이야기"이 책은 단순한 간증이 아니라 나와 함께한 영혼들의 실존 기록이며 내가 품고 있는 공동체의 비전 선언서다.

서울역에서 시작된 인생들 그 인생들을 위한 농장 그 농장에서 흘러나올 복음 그리고 그 복음을 지켜가는 하루하루의 사역.

비전은 지금은 멈췄지만 멈췄다고 사라진 것은 아니다. 나는 다시 일어설 것이다. 다시 말할 것이다. 그리고 반드시 다시 꿈꿀 것이다.

"이 묵시는 정한 때가 있나니 그 종말이 속히 이루겠고 결코 거짓되지 아니하리라 비록 더딜지라도 기다리라 지체되지 않고 반드시 응하리라." (하박국 2:3)

언젠가는 내가 소망하던 조그만 땅을 구입해서 삶의 희망이 없는 분들에게 희망이 되고 터전이 되고 비빌 언덕이 꼭 되어 주고 싶다.

제45장

그리운 나의 어머니

나는 한국교도소교정선교회 대표로서 수년간 재소자 신앙 간증 수기집 "월간교도소"를 제작해왔다. 한 영혼이라도 복음을 듣게 하겠다는 마음으로 전국의 교도소에 무료로 배포하며 거칠고 상처 많은 수감자들의 진심을 담아왔다.

현재는 재정적 어려움으로 발행이 중단된 상태지만 나는 믿는다. 이 사역은 반드시 다시 시작될 것임을. 그런 가운데 "월간교도소"에 한 편의 깊은 고백이 도착했다. 전주교도소에 복역 중인 무기수 홍성남 형제님의 편지와 시였다.

그는 1994년 젊은 혈기에 휘말린 살인사건으로 무기형을 선고받고 30년 넘게 갇혀 살아온 형제였다. 그 편지에는 이렇게 적혀 있었다.

"30년 동안 수감생활을 하며 제가 믿고 의지할 곳은 어머니와 하나님뿐이었습니다. 끝까지 이 못난 아들만을 사랑해 주신 어머니는 이제 하나님의 곁으로 가셨지만 지금 이 순간에도 하늘에서 저를 지켜보고 계시는 것만 같아 하늘만 쳐다보면 눈물이 납니다."

그리고 함께 보내주신 시의 제목은 〔그리운 나의 어머니〕그 시를 이곳에 그대로 실어본다.

그리운 나의 어머니

홍성남 (전주교도소 무기수, "월간교도소" 수록 작품)

노고지리 지저귀는 개울 길 따라
귀앓이 일곱 살 아들
가냘픈 등에 업고
십리길 도립병원 가는 길이
힘들기도 하련만
어머니의 등은 따뜻했습니다.

혈기왕성한 젊은 시절
영웅심에 불타
이유 없이 방황하며 길거리를 헤매일 때
측은한 듯 지그시 바라만 보시던
나의 어머니
그때는 어머니의 눈물을 외면했습니다.

교도소에 들어오던 날
호송차 뒷모습을 바라보시며
대성 통곡 눈물을 흘리시던

나의 어머니
30년의 긴 세월이 흐르고 있지만
그 눈물은 지금도
내 가슴 속 깊은 곳에 새겨져 있습니다.

쉰이 된 아들이 보고파서
천리 길 마다 않고 찾아오셨다는 어머니
이 못난 아들 앞에
애써 당신의 눈물을 감추시며
"미안하다. 미안하다. 이 어미 죄가 크다."

끝내 눈물을 흘리시던 나의 어머니
그때도 차가운 창 너머의
어머니의 가슴은
따뜻하게 느껴졌습니다.

비가 오나 눈이 오나
새벽기도로서
내 영혼을 꼭 잡아 주신 어머니
접견실을 뒤돌아 나가시는
어머니의 가슴은

피멍이 드셨을 것을

어머니! 그리운 나의 어머니!
하늘은 그때처럼 푸르건만
그립고 보고파도
어머니는 내 곁에 없습니다.

어머니! 그리운 나의 어머니
이제야 목 놓아 불러봅니다.

어머니! 사랑합니다.

그는 이제 전주교도소에서 기독교 봉사원으로 활동하며 모범수가 되어 수많은 동료 수감자들에게 복음을 전하고 있다. 그 철창 안에서 그는 누구보다 자유로운 사람이 되었다. 세상이 그를 버렸지만 하나님은 그를 붙잡으셨다.

그가 받은 무기형은 사람의 재판에 의한 형벌이었지만 그가 쓴 이 시는 하나님의 구원을 향한 사랑의 회복탄이었다.

"상심한 자들을 고치시며 그들의 상처를 싸매시는도다." (시편 147:3)

나는 "월간교도소"를 다시 시작해야겠다는 결심을 이 시를 읽으며 다시 다잡았다.

사람의 눈에 보이지 않는 변화가 하나님 앞에선 가장 큰 기적임을 우리는 반드시 세상에 알려야 한다.

제46장

양복을 입고 돌아온 죄수

"그때와 지금의 차이는 단 하나, 나는 예수님을 만났다."

나는 지금도 매달 전국 교도소를 돌며 교정선교 예배를 드린다.

한 교도소, 두 교도소… 어느새 수십 개 교도소의 강단에 서게 되었고 수백 명의 재소자 앞에서 하나님 말씀을 전하는 삶을 살고 있다. 놀라운 건 그 교도소 안에서 재소자들이 가장 기다리는 사람이 바로 나 이상덕 목사라는 사실이다.

어느 날 교도소 직원 한 분이 조용히 내게 말했다.

"목사님, 여기 있는 재소자들 중 이상덕 목사님 설교를 제일 좋아한다고 말하는 사람이 제일 많습니다. 이유요? 목사님은 이들과 똑같은 재소자였고. 여기 출신이니까요."

나는 웃으며 고개를 숙였다. 하지만 그 말이 얼마나 무겁고도 감사한 은혜인지 나 자신만이 안다. 왜냐하면 나도 그 자리에 있었던 사람이기 때문이다.

나는 알고 있다. 그들의 눈빛 그들의 말투 그들이 숨기고 있는 고통과 억울함 그들의 깊은 상처와 외로움. 그걸 느끼는 사람이 단 한 명이라도 있어야 하기에 나는 오늘도 교도소의 문을 다시 통과한다.

십여 년 전만 해도 나는 죄수복을 입고 앉아 있었다. 그날 예배를 드리며 찬송가를 들을 때 나는 수치심과 분노 절망을 눌러 삼키며 눈을 감고 고개를 떨구고 있었다.

그런 내가 이제는 양복을 입고 성경책을 들고, "하나님은 당신을 포기하지 않으셨습니다"라고 외치고 있다. 이런 날이 올 줄 누가 알았겠는가.

그때와 지금의 나는 딱 한 가지가 바뀌었다. 나는 예수님을 만났다. 그 한 가지가 모든 것을 바꿨다.

과거에는 죄의 수치 속에서 눈물을 흘렸지만 지금은 은혜의 감격 속에서 눈물을 흘린다.

내가 교도소에 들어가 설교를 할 때면 나는 항상 울음을 참기 어렵다.

"불과 얼마 전, 나도 저 옷을 입고 저 자리에 앉아 있었는데…"
"어떻게 하나님이 나 같은 죄인을 다시 이 자리에 보내셨을까…"

그 감격은 말로 표현할 수 없다. 그리고 나는 진심으로 기도한다.

"하나님 오늘 이 자리에서 또 하나의 이상덕을 일으켜 주십시오."

또 한 명의 영혼이 죄수복을 벗고 복음을 입고 양복을 입고 다시 이 자리에 설 수 있도록 도와 주시옵소서.

나는 믿는다. 그 가능성이 바로 복음의 능력이라는 것을.

"그런즉 누구든지 그리스도 안에 있으면 새로운 피조물이라 이전 것은 지나갔으니 보라 새것이 되었도다."(고린도후서 5:17)

교도소는 사람들이 인생을 포기하는 곳이 아니라 하나님이 새 인생을 쓰시기 위한 밑그림을 그리는 곳이다. 나는 이제 그곳의 복음 전달자다. 그리고 오늘도 또 하나의 새 인생이 일어나길 바라며 눈물로 복음을 전한다.

오늘은 얼마 전 집사 직분을 받은 우혜진 집사님과 함께 교도소에 들어왔다.

눈물로 함께 찬양을 하는 우혜진 집사를 보니 마음이 아프다. 그분도 얼마 전까지 서울역에서 노숙을 하셨다. 그래서 그런지 눈물을 많이 흘린다.

제47장

숨 쉬는 지금, 그것이 은혜입니다

"수많은 누명 속에서도, 하나님은 단 한 번도 나를 버리지 않으셨습니다."

이 책에 내 지난 5년의 사역을 다 담을 수 없었다. 노숙자와 출소자, 그리고 교도소 안의 재소자들 사이에서 함께 울고 함께 넘어진 수천 개의 밤과 수천 번의 기도가 이 몇 장의 종이에 모두 담기긴 어려웠다.

그러나 나는 단 하나 반드시 담고 싶은 것이 있었다. 하나님의 위대하심, 그리고 하나님의 은혜.

나는 지금까지 서울역 거리에서 술 취한 노숙자의 욕설을 맞으며 치킨을 나누었고 출소자의 손을 잡고 병원과 법무부를 오갔으며 교도소의 문을 넘나들며 울부짖는 죄수들에게 복음을 전했다.

어떤 날은 칼에 위협당했고 어떤 날은 억울한 누명을 쓰고 감옥에 갔고 어떤 날은 내가 가장 사랑하는 사람들에게 배신을 당했다.

그때마다 "하나님, 이건 아니지 않습니까? 저는 이제 더는 못하겠습니다."라며 절규하며 밤을 지새웠다.

어두운 골목, 차가운 골방, 차 안, 병원 대기실, 교도소 접견실, 그리고 고속도로 휴게소 주차장 한구석에서 나는 수없이 울었다.

그런데... 그 모든 순간 단 한 번도 하나님은 나를 버리지 않으셨다.

억울하게 구속되었을 때도 사람들이 등을 돌렸을 때도 내 손에 단 한 푼이 없을 때도 하나님은 내 곁을 떠나지 않으셨다.

"내가 너희를 고아와 같이 버려두지 아니하고 너희에게로 오리라."
(요한복음 14:18)

나는 지금도 노숙인 형제들과 함께 사는 방 한 칸에서 수고하고, 울고, 때로는 속고, 다시 또 사랑하며 하루를 살아간다.

엘림이와의 하루, 쉼터의 소란, 교도소의 문틈으로 비치는 복음의 빛, 수급비로 술에 취한 형제를 끌고 오는 새벽길.
그 모든 것이 주님의 사역이었고 나를 빚으신 광야였다.

만약 지난 5년간 하나님의 보호하심이 없었다면 나는 지금 이 책을 쓰고 있지도 못했을 것이다. 내가 숨 쉬는 지금 이 순간 조차 하나님의 은혜가 아니라면 설명할 수 없다.

이 책은 나의 고백이자 하나님의 작품이다. 나는 여전히 부족하고 아직도 실수하며 어쩔 땐 지쳐 쓰러진다. 그러나 그 모든 나약함 위에 하나님의 손이 있었다. 그 손이 나를 일으켰고 그 손이 나를 이 자리까지 데려오셨다.

"여호와는 너를 지키시는 이시라 여호와께서 너의 출입을 지금부터 영원까지 지키시리로다." (시편 121:5,8)

이제 나는 이 사역의 결과를 세상이 알아주지 않아도 괜찮다. 유튜브 조회수가 적어도 괜찮고 후원이 끊겨도 괜찮다. 누군가가 나를 다시 오해하고 욕해도 괜찮다. 단 한 영혼이라도 예수님을 만나 삶이 달라졌다면 그것으로 나는 족하다.

주님, 지켜주셔서 감사합니다. 숨 쉬게 해주셔서 감사합니다. 사명 주셔서 감사합니다. 지칠때도 많았다. 그러나 또 다시 힘을내서 일어난다. 지금, 나는 다시 복음의 현장으로 걸어간다.

나는 '서울역 이 목사'이기 이전에 '하나님의 은혜로 살아 있는 증인'이기 때문이다.

제48장
교도소tv의
고문변호사

이런 분이 내 사역의 동역자라는 사실에 감사할 뿐이다.

내가 억울하게 성폭행범이라는 누명을 쓰고 구속되었을 때, 모든 문이 닫혔다. 사람들도 등을 돌렸다. 누구도 내 말을 들으려 하지 않았다.

언론은 확인도 하지 않은 기사를 쏟아냈고, 유명하다는 성범죄 전문 로펌들도 이 사건은 너무 크고 민감하다며 거절했다. "변호해줄 수 없습니다"라는 말을 들을 때마다 숨이 막혔다. 나는 죄인이 아닌데, 아무도 내 편이 되어주지 않았다.

그때, 단 한 사람이 두려움 없이 내 손을 잡아주었다. 이삼윤 변호사. 그는 사건의 크기가 아니라, 그 안에 담긴 '진실의 무게'를 먼저 보는 사람이었다.

"이상덕 씨, 제가 반드시 함께 싸우겠습니다. 꼭 진실을 밝힙시다."

그 한마디에 가슴이 터질 듯 울컥했다. 나는 그날 밤 무릎 꿇고 하나님께 울며 기도했다. 이 싸움, 함께할 동역자를 보내주셔서 감사합니다. 이 억울함을, 이 절망의 어둠을 하나님이 외면하지 않으셨다는 증거였다. 이삼윤 변호사는 단순한 법률 대리인이 아니었다. 그는 하나님의 정의를 붙들고 사는 사람이었다. 서류 한 장, 증거 하나라도 허투루 넘기지 않았다. 밤새 진술서를 분석하고, 수십 번씩 읽으며 모순을 찾아냈다.

법정에서 그는 마치 믿음의 설교자처럼 싸웠다 뜨겁고 단호하게, 한 치의 흔들림도 없이 나를 변호했다.

결국, 나는 무죄를 선고받았다. 하나님이 내 억울함을 밝히셨고 사람들이 모두 떠났을 때 이삼윤 변호사를 통해 나를 다시 일으키셨다.

그분은 이제 INT법률사무소 대표 변호사로 활동하고 있고 현재는 '교도소tv'와 나의 사역의 공식 법률 고문으로 함께하고 있다.

무엇보다 감사한 것은 그가 단지 능력 있는 변호사일 뿐만 아니라 하나님을 경외하며 정직하게 살아가는 진실한 그리스도인이라는 사실이다.

이런 사람이 내 사역의 동역자라는 게 정말 든든하고, 자랑스럽고, 감사할 뿐이다.

"오직 정의를 행하며 인자를 사랑하며 겸손하게 네 하나님과 함께

행하는 것이 아니냐." (미가서 6:8)

앞으로도 교도소tv 사역, 서울역의 노숙자 형제들 그리고 나처럼 억울한 누명에 고통당하는 사람들을 위해 이삼윤 변호사와 함께 복음의 길, 정의의 길을 끝까지 걸어가고 싶다.

믿어줘서 고맙고, 함께해줘서 감사함 뿐이다.

제49장

짱아,
한 사람의 헌신이
만든 기적

"하나님은 방송을 통해 한 사람을 부르셨고 그 사람은 교회와 복음을 위해 헌신하는 집사가 되었다."

짱아. 이름도 아니고 본명도 아니다. 그저 유튜브 채팅창에 떠오른 닉네임 하나였다. 하지만 그 이름은 교도소tv와 내 사역 쉼터와 교회 그리고 노숙자들과 출소자들의 삶 깊숙이 잊을 수 없는 흔적을 남겼다.

그녀는 방송 초창기부터 지금까지 4년 넘게 채팅창 스패너 즉 매니저 역할을 자처하며 모든 모욕과 말도 안 되는 억측 속에서도 늘 내 곁에 있어 주었다.

누구보다 내 말을 믿어 주었고 누구보다 교회와 쉼터를 이해해 주었고 누구보다 진심으로 노숙자 형제자매들을 품어준 사람이었다. 그러나 그 헌신의 결과는 박수가 아니라 비방이었다.

처음에는 익명의 악플이었다. 하지만 그것을 시작한 사람은 다름 아닌 믿는 자였다.

그는 누구보다 성경을 잘 안다고 말하던 사람이었고 찬양을 너무 잘해서 많은 사람들이 좋아했고 기도한다는 말도 자주 했던 사람이었다. 그러나 그는 노숙자들이 흘린 거짓말을 믿고서 아님을 알면서도 짱아를 향한 악의적인 소문을 퍼뜨리기 시작했다.

"짱아는 이상덕 목사의 전처야."
"방송에서 너무 가까운 거 보니까 뭔가 수상해."
"술집 여자였대."

처음엔 한두 마디였다. 그러나 그 말은 입에서 입으로 퍼졌고 안티들이 그 말을 덥석 물었고 그녀에 대한 모욕은 점점 더 가시 돋친 칼날이 되어 짱아의 마음과 내 심장을 동시에 찔렀다.

나는 알고 있었다. 그녀가 얼마나 참아내고 있었는지. 얼마나 억울해하며 울고 있었는지. 그리고 그녀가 나에게 얼마나 큰 힘이 되고 있었는지. 믿는 자의 혀가 거짓보다 더 깊은 상처를 낸다.

세상 사람들의 비방은 견딜 수 있다. 하지만 교회를 다니고 기도를 한다는 사람들이 진실을 알면서도 입을 닫고 오히려 더 상처 주는 말을 하는 그 장면은 복음이 아니라 비수가 되어 돌아왔다. 그럼에도 짱아는 그 모든 걸 참아냈다. 욕을 삼켰고 억울함을 견뎠고 함께한 사역을 결코 놓지 않았다. 무엇보다 놀라운 건 그녀가 하나님을 몰랐던 사람이었다는 것이다.

처음엔 단지 방송을 챙기고 채팅 관리를 하며 노숙자의 삶에 공감하고 억울한 사연에 분노하고 쉼터의 이야기 앞에 눈물을 흘리던 사람이었다. 그랬던 그녀가 어느 날 조용히 성경 필사를 시작했다. 한 번도 아니고 두 번 창세기부터 요한계시록까지 그 긴 말씀을 손으로 직접 써내려 가면서 그녀의 심령 속에 성령의 불이 타올랐다.

이윽고 가까운 교회에 출석하기 시작했고 얼마 전에는 그 교회에서 정식 집사로 임명되었다.

나는 믿을 수 없었다. 기적 같았다. 감격스러웠다. 그리고 그 순간 확신했다. 이건 내가 한 일이 아니다. 이건 방송이 이룬 일도 아니다. 성령님의 역사였다. 하나님의 은혜였다.

교도소tv는 단순한 방송 콘텐츠가 아니었다. 복음의 통로였고 회복의 마중물이었고 하나님의 손길이 닿는 도구였다. 짱아 한 사람을 통해 나는 이 사역이 결코 헛되지 않음을 똑똑히 보았다. 복음은 설교보다 삶으로 증명되어야 한다.

짱아는 지금도 방송의 매니저로 교회와 쉼터를 응원하는 기도의 동역자로 무릎 꿇은 예배자로 살아가고 있다. 그녀의 이름을 말할 때 나는 부끄럽지 않다. 고맙다. 눈물 나도록 감사하다.

짱아. 이름 하나에 담긴 수많은 오해와 욕설과 상처들 그러나 그 모든 고난을 뚫고 피어난 복음의 꽃. 나는 이 장을 통해 그녀에게 전하고 싶다.

"고맙습니다. 당신의 존재가 우리 사역에 큰 힘이었습니다. 당신의 눈물은 하나님께서 반드시 기억하십니다. 그리고 당신의 헌신은 수많은 영혼을 살리는 복음의 씨앗이 되었습니다."

짱아는 증거다. 하나님이 한 사람을 어떻게 만지시는지를 보여주는 증거. 성령이 한 사람의 삶을 어떻게 바꾸는지를 보여주는 증거. 그래서 교도소tv는 단 한 사람을 위해서라도 계속되어야 할 이유가 충분히 있다.

제50장

나는 이 사명을
끝까지 붙든다

"목사님, 그 사람을 꼭 그렇게까지 도와야 하나요?"
"한두 번도 아니고, 왜 계속 받아주시죠?"
"도대체 뭐가 남는다고 그렇게 사십니까?"

가끔 아니 자주 듣는 말이다. 처음에는 마음이 아팠다. 지쳐서 쓰러지고 숨 쉬는 것조차 벅차던 날엔 이런 말들이 칼처럼 박혀왔다. 하지만 그럴 때마다 되뇌는 한 문장이 있다. 복음은, 한 사람을 위해서도 반드시 내려와야 한다.

예수는 수많은 무리를 위해 오셨지만 사마리아 여인 '한 사람'을 위해 우물을 찾으셨고 거라사 광인 '한 사람'을 위해 바다를 건너셨고 니고데모 '한 사람'을 위해 한밤중까지 기다리셨다. 하나님의 사랑은 언제나 군중이 아니라 '한 사람'에서 시작되었다. 그래서 지금도 거리에서 울고 있는 한 사람 술에 찌들어 넘어져 있는 한 사람 교도소 창살 너머에서 눈물 흘리는 한 사람을 위해 나는 무릎을 꿇는다.

사명은 선택이 아니었다. 부름이었다. 나는 이 길을 고른 것이 아니라 하나님이 먼저 나를 이 길로 불러내셨다. 그 부름 앞에서 거절할 수 없었다. 서울역 지하도, 그 겨울 찬 바닥 위에 누워 있던 형제가 내 손을 꼭 잡고 말하던 장면이 지금도 생생하다.

"목사님... 고맙습니다. 누가 우리한테 이렇게 해 준 사람이 없어요."

그 말 한마디가 수많은 배신과 욕설과 오해 속에서도 이 길 위에 다시 서게 만들었다. 나는 세상 속의 그 목사들과는 다르다. 정확히 말하면 세상이 생각하는 '목사'라는 삶이 아니다. 나는 매일 거리에서 내 밥을 나누고 내 잠을 나누고 내 지붕을 나누며 '한 사람'을 붙들고 있는 사람이다. 사람들이 이렇게 말했으면 좋겠다.

"이상덕 목사는 고생만 하다 갔지."

괜찮다. 하늘의 주님께서만 "잘했다, 충성된 종아."라고 말씀하신다면 그걸로 충분하다. 사역은 꽃길이 아니다. 사역은 광야다. 사역은 십자가다. 자기를 부인하고 울면서 씨를 뿌리고 끝내 그곳에서 열매를 기다리는 고된 길이다.

가끔은 흔들린다. 가끔은 주저앉고 싶다. 누구도 박수 쳐 주지 않고 누구도 함께 걷지 않을 때 울면서라도 나아가야 할 때가 있다. 하지만 복음은 흔들리지 않는다. 그 복음이 지금도 내 심장에 살아있고 그래서 나는 다시 일어난다.

내가 얼마나 유명해졌느냐보다 내가 얼마나 눈물로 한 사람을 지켰느냐가 중요하다. 내가 얼마나 많은 설교를 했는지보다 내가 얼마나 많이 무릎 꿇고 기도했는지가 중요하다.

복음은 한 사람을 위해서도 내려와야 한다. 나는 이 진리를 믿고 살아왔다. 그리고 앞으로도 단 한 사람을 위해서라도 복음을 들고 거리로 나아갈 것이다.

그 한 사람에게 예수가 닿기를 바라며 오늘도 다시 길 위에 선다.

그리고 이 사명을 나는 끝까지 붙든다. 주님! 저를 지켜 주시옵소서

에필로그 **나는 글쓰는 사람이 아니었다**

나는 한 번도 정식으로 글쓰기를 배운 적이 없습니다. 학창시절엔 운동과 친구들과의 어울림이 전부였고 공부라는 단어는 나와 너무나 먼 단어였습니다. 심지어 편지 한 장도 제대로 써본 기억이 없습니다. 솔직히 말하면 글을 쓰는 사람들을 보면 참 대단하다고만 생각했을 뿐 내가 그런 일을 하게 되리라고는 단 한 번도 상상해 본 적이 없었습니다.

그런 내가 지금 이렇게 또 한 권의 책을 마무리하고 있습니다. 모든 것이 하나님의 은혜였습니다. 그 은혜는 내가 감히 쥘 수 없는 펜을 다시 잡게 하셨고 읽기조차 버거웠던 성경을 무릎 꿇고 손으로 한 자 한 자 써 내려가게 하셨습니다.

나는 총 7번 성경을 필사했습니다. 그 필사는 단순히 '쓰는 행위'가 아니었습니다. 교도소에서 필사를 하며 내 인생의 무너진 폐허 위에 말씀이 벽돌이 되어 다시 세워지고 기도가 시멘트처럼 나를 붙잡았던 시간들이었습니다.

말씀을 필사할수록 내 안에 믿음이 자라고 있었습니다. 하나님께서 내 영혼에 글을 새기고 계신 것이었습니다. 그리고 지금 이 책 "서울역이목사의 극한사역 노숙자와 출소자 이야기"를 마무리하는 이 순간 나는 감히 고백합니다.

"주님, 제가 쓴 것이 아니라 주님이 제 손을 붙들고 저 대신 써 주신 글입니다."

처음엔 그저 고통을 풀어내고 싶어 쓴 이야기였습니다. 그러나 이제는 확신합니다. 이 글이 나의 고백을 넘어 누군가의 눈물을 닦아줄 하나님의 위로가 되기를 또 다른 낙심자에게는 소망의 메시지가 되기를 그리고 사역을 포기하려는 이들에게는 "다시 일어서라"는 하나님의 음성이 되기를 소망합니다.

내 인생의 절망의 순간마다 하나님은 '글'로 나를 회복시키셨습니다. 말씀을 기록하며 살았고 지금은 그 말씀을 따라 누군가의 인생에

복음의 편지를 쓰고 있습니다.

나는 여전히 글을 잘 쓰는 사람이 아닙니다. 하지만 오늘도 담대히 고백합니다.

"내게 능력 주시는 자 안에서 내가 모든 것을 할 수 있느니라" (빌립보서 4장 13절)

이 모든 고난의 시간 눈물의 기록 회복의 은혜를 지나 또 한 권의 책이 완성되었습니다.

이 책을 읽는 모든 분들게 하나님의 크신 위로와 회복의 손길이 함께 하시기를 기도합니다.
모든 영광과 감사를 하나님께 올려드립니다.

이상덕 목사 올림.

서울역 이목사의 극한사역
노숙자와 출소자 이야기

저자 | 이상덕
초판발행 | 2025년 8월 18일
발행처 | 국민일보
등록 | 제1995-000005호
주소 | 서울 영등포구 여의공원로 101
전화 | 02-781-9870
홈페이지 | www.kmib.co.kr

ISBN: 978-89-7154-373-3(03200)